Strategies for Quality Assurance of Learning

学びの質保証戦略

Yamada Reiko
山田礼子

玉川大学出版部

まえがき

　現在のように他国に簡単に行けない時代においても，苦労して他国に出かけ，そこでの見聞から自国の制度，文化を振り返り，課題を見つけ，改革につなげることが行われたという。現在のように，たちまちのうちに情報が世界に発信され，受信できる時代においては，世界経済，政治，そして諸々の制度改革は世界の多くの国々，そして日本にも大いに影響を及ぼすことは想像に難くない。このようなグローバル化が進展する現在，世界の高等教育は大きな問題に直面している。

　グローバル社会においては，知識基盤社会が基本となり，知識基盤社会に対応できるような人材を育成することが世界の高等教育の課題となっている。そのためには，研究面においての競争も激化し，世界の高等教育機関はワールドクラスの大学を目指すことになる。

　このような流れのなかで，世界の高等教育機関が現在重点的に取り組んでいることの一つに，高等教育の国際化がある。同時に，アカウンタビリティが高まるなかで，高等教育の質保証が，世界的に所与のものとして求められるようになる。日本においても例外ではなく，高等教育の質保証，さらにいえば，学習成果の保証が，日本の高等教育が現在取り組むべき課題として立ちはだかっている。

　今日の社会が直面している「グローバル化」の影響は，つい先頃のヨーロッパの経済危機の影響が世界に伝播することでわかるように，多大である。高等教育分野においても，「グローバル化」に対応して，「国際化の進展」が地球規模で求められている。このことが「普遍性」であり，高等教育機関はこれを前提として「変容」していかなければならない。こうした現状を踏まえて，本書では，知識基盤社会において，高等教育の質の充実をいかに実質化するかを，アメリカをはじめとする他国の状況を中心に見ていく。本書で扱っている他国の高等教育の状況を合わせ鏡として日本の高等教育を考えて

いく一助になれば幸いである。

　本書の刊行にあたっては，玉川大学出版部の成田隆昌氏に大変お世話になった。氏の助言と精緻な編集のおかげで本書がまとめられたと心から感謝している。この場を借りて御礼を申し上げたい。

2012年3月5日

目　次

まえがき ……………………………………………………………3
序章　学びの質保証戦略 …………………………………………9

第1部　大学の国際化，個性化戦略の方向

1　海外の大学における教育の国際化戦略
　　──スタディ・アブロード・プログラム ………………14
　　世界的に急速に進展する教育の国際化／学位の提携など大学制度も国際化／ノッティンガム大学のスタディ・アブロード・プログラム／アメリカにおける日本学を学ぶプログラム／海外にキャンパスを設置する動きも活発に

2　海外の高等教育の国際化の動向 ………………………22
　　はじめに／日本の高等教育の国際化政策／国際的な大学間競争／国境を越えて移動する高等教育／アジアの高等教育改革の共通点／日本への示唆

3　大学ランキングとアジアの動向
　　──大学ランキングとワールドクラス・ユニバーシティ ………28
　　はじめに／THEと上海交通大学のランキング／研究拠点大学へ──浦項工科大学／国際的な質保証を目指す台湾の大学／中国・シンガポールの動向／マレーシアのエクセレント大学ランキング

4　歴史的ブラックカレッジの意義と役割
　　──アフリカ系アメリカ人のリーダーを養成 ……………36
　　はじめに／アメリカの高等教育機関における多文化主義を取り入れた教育プログラム／アフリカ系アメリカ人男性のための大学

5 アメリカにおける女子大学の意義
　　——女性リーダーを育成するためのプログラムと支援 ……………… 44
　　　はじめに／女子大学が直面してきた問題／女子大学の新たな意義／
　　　マウント・ホリヨーク大学／ウェズリー大学／おわりに

6 経済危機とアメリカのビジネススクール
　　——普遍的な教育プログラムの強み ……………………………………… 52
　　　2008年経済危機とビジネススクール／アメリカにおけるMBA教育
　　　の内容と不況下でのビジネススクールの教育改善の動向／ビジネス
　　　スクールのランキングと将来／ビジネススクール志願者への調査

第2部　学生の成長を支援するプログラム

7 アメリカのカレッジ・スポーツとアスリートの支援 …………… 62
　　　カレッジ・スポーツの由来／NCAAの設立／学生アスリートへの支
　　　援／カレッジ・スポーツと地域コミュニティ

8 APプログラムとコンカレント・プログラム
　　——アメリカにおける多様な高大接続 …………………………………… 70
　　　APプログラムとは／APプログラムの効果／従来のエリートから受
　　　講者も多様化／コンカレント・プログラム制度の利用者／高大接続に
　　　活用する例も

9 アメリカにおける教員免許資格と大学での教員養成プログラム
　　——地方分権における教員養成の特色 …………………………………… 78
　　　はじめに／カリフォルニア州の教員免許制度の概要／テキサス州の教
　　　員免許資格制度／UCLAの教員養成プログラム／教員養成プログラ
　　　ムの詳細／「No Child Left Behind」法案と教員養成プログラム／お
　　　わりに

10 教養教育，一般教育を通じて育成される力とは？
　　——グローバル社会と異文化リテラシー ………………………………… 87
　　　はじめに／ハーバード大学の一般教育に関する最終報告書／ハーバー
　　　ド白熱教室　Justice／オーストラリアの大学でのアトリビュート／
　　　共通課題としての異文化リテラシー

11 アメリカの初年次教育
　　——初年次の支援という総合的なプログラム ………… 95
　　　はじめに／初年次教育の広がり／初年次教育の意味と位置づけ／サウスカロライナ大学の University 101

第3部　質の保証に向けての多様な制度とアセスメント

12 アクレディテーションのアウトカム・アセスメント
　　——ミッションと個性にもとづいた大学評価 ………… *106*
　　　アメリカのアクレディテーション最新動向／地域基準協会ごとに異なる評価基準／ラーニング・アウトカムによる評価／アーケディア大学の取り組み／国際化プログラム3つの強み

13 IR と学生調査——プロセス評価としての学生調査の意義 ……… *115*
　　　はじめに／IR とデータベース／IR と学生調査／学生調査の利用方法／日本における IR と学生調査

14 アメリカの高等教育の情報公開の現状
　　——透明性にもとづく情報公表の方法 ………… *125*
　　　日本における情報公開の議論／スペリングス・レポートでのデータベースをめぐる議論／The College Portrait／CSU ノースリッジ校と CSU ロングビーチ校の比較

15 アメリカの大学の入試とアドミッション
　　——高大接続にもとづいた入学者選抜制度 ………… *134*
　　　「高大接続テスト」と問われる入試の意味／SAT と ACT／アメリカのアドミッション選考のプロセス／カリフォルニア大学ロサンゼルス校／オレゴン州立大学／数か月かけて高校の学習到達度を審査

16 アメリカの大学の学費と奨学金の関係
　　——高騰する学費を視野に入れた奨学金政策 ………… *143*
　　　はじめに／ペルグラント（給付型奨学金）とローン（貸与型奨学金）／最高の増加率となったペルグラント／目立つ州立大学の授業料高騰／学生や保護者のためのコスト公表システム／ポモナカレッジのコスト情報公表／UCLA の同窓会独自の奨学金

17　日本における質保証システムの構築
　　――大学間連携教学IRによる相互評価 ……………………151
　　　はじめに／連携大学間の「相互評価」から連携を活かしての質保証の
　　　枠組みづくりへ／大学間連携による教学IRの意味は？／直接評価と
　　　間接評価としての学生調査の信頼性／おわりに

終章　世界の大学改革に見られる共通性と普遍性 ………………159
　　　「国際的通用性」を基準に求められている変容／各国に遅れる日本の
　　　国際戦略／アメリカとイギリスに見る戦略の動向／教育の国際化と
　　　「アカウンタビリティ」

注 ……………………………………………………………………165
参考文献 ……………………………………………………………166
用語解説 ……………………………………………………………169
初出一覧 ……………………………………………………………178

序章　学びの質保証戦略

　2008年3月の中央教育審議会答申『審議のまとめ』において言及されているように，学士課程教育の構築に向けて各大学が自らの教育理念と学生の成長を実現する学習の場として学士課程を充実させることが強く求められるようになってきた。そのなかでは，「社会からの信頼に応え，国際通用性を備えた学士課程教育の構築」を実現すべきであり，そのためには，大学という各機関の学位授与の方針，教育課程編成・実施の方針，入学者受け入れの方針という明確な「3つの方針」に貫かれた教学経営を行うことが肝要であると述べられている。

　報告のなかで教員のTeachingと学生のLearningは相互補完的に位置づけられていることは明らかである。学習については学生の幅広い学び等を保証し，「21世紀型市民」に相応しい「学習成果」の達成が強く求められている。すなわち，「「21世紀型市民」に相応しい資質・能力を育成する上で，(中略)その際，幅広い学び等は，一般教育や共通教育，専門教育といった科目区分の如何によらず，学生の自主的活動や学生支援活動をも含め，それらを統合する理念として学士課程の教育活動全体を通じて追求されるべきものである。(中略)当該大学の人材養成の目的等に即して，いかにすれば，専攻分野の学習を通して，学生が「学習成果」を獲得できるかという観点に立って，教育課程の体系化・構造化に向けた取り組みを進めていくことが課題となる。このためには，各学部，各学科等の分野に即した「学習成果」に関し，各大学において学生が到達すべき目標を示し，それらを通じて質を保証していく取り組みを進めつつ，学士課程全体を通じた「学習成果」，目標を明確化するよう努力する必要がある」と明記され，学習成果を示すことが質保証の具体策として位置づけられていることがわかる。

実際，日本においては，高等教育のユニバーサル化が進行し，大学の入学者選抜が従来のような入学者の質保証の機能を保持することは難しくなってきている。したがって，多様化した学力・学習目的を持った学生への大学の教育力が期待され，その結果としての高等教育の質保証を出口管理によって達成することが強く求められている。

　実際に少なくない大学が国際通用性の象徴ともいえるGPA (Grade Point Average) 制度の活用による卒業判定を実質化するようになってきた。各学部やセンターのみならず大学全体での人材目標の明確化に取り組む大学も登場してきている。主に医学教育の分野で行われている卒業判定試験などもそうした具体策の例であるといえる。

　日本に先立って，国家による質保証の枠組みを構築しているイギリス，スコットランドの例にならって，国家による高等教育の資格枠組みの整備の導入の必要性を指摘する声もある。

　第6期の中央教育審議会では，上述している2008年答申での内容が実際にどれだけ実質化しているかを検証し，教学改革を実質化していく上で不可欠な教学ガバナンスをいかに機能させるか，その際，大学の機能別分化との関係性を踏まえながら教学改革をいかに促進させていくかが議論の俎上に上っている。

　高等教育機関が自由を謳歌していた時代は過ぎ去り，かつてないほど高等教育機関に対して研究の成果のみならず教育の成果が求められるようになってきた。しかし，こうした動きは日本だけのことではなく，ほとんどの先進諸国の高等教育機関，さらには開発国の高等教育機関が21世紀の知識基盤社会に向けての人材の養成という目標に向けて同様の動きを進めている。現実として，世界，とりわけ先進国においては知識基盤社会を構築すべく，社会システムの変革，高等教育や人材育成システムの変革を目指して既存のシステムを再構築し，政策も科学技術を支える高等教育や産業への進展を重点的に進めることが共通している。いうなれば，出口は見えそうで見えない終わりのない競争に現在突入しているといえるだろう。ワールドクラス大学を目指してのランキング競争，国際的通用性，そして質保証，学生の学習成果

が共通して世界の高等教育関係者や社会で話題となるのは，まさに高等教育をめぐるグローバル化の現象といえるだろう。

　実際，現在の日本社会や日本の高等教育をめぐる状況においては，変革や新たに課せられた人材養成の課題に対処すべく，かつ社会から要請される学生の質の保証に対処すべく，日々改革に邁進することが余儀なくされているが，実際には中等教育との接続の不備などからもたらされる問題に対処することも必至である。優れた教育効果を上げることと全般的な底上げという課題が同時に課せられている状況において，グローバル化した社会が求めているスピードと成果に高等教育や日本社会が果たして耐えうるかというのが現状であろう。ここで，グローバル化という点から高等教育機関を見てみよう。

　グローバル化した社会のなかでは，研究も，教育も，管理運営も競争にさらされ，情報が迅速に共有される。高等教育機関に焦点を絞れば，機関の卓越性，利便性，魅力等も世界中の人々の目にさらされ，評価されるということになる。グローバル化した社会では，研究については，すでに理系分野ではアウトプットのみならず研究者の評価も，国際学会，国際ジャーナルを中心になされ，研究者の移動も国際的になっている。優れた研究を成果として生み出している機関や，優れた研究環境を整えている大学には世界中から優れた人材が集まっている。それゆえ，研究者の予備軍を養成する大学院の学生についても，自国だけでなく，世界中から留学生を確保することが重要な戦略になっている。

　教育に焦点を当ててみると，現在，日本においても大きな議論となっているのが学生の教育成果，アウトカム・アセスメントについてである。OECD諸国においても高等教育版PISA（AHELO）が大きな話題となっており，世界的に見て学生の教育成果の検証と保証が高等教育にとって必至となりつつあるというのが現状である。2008年答申のなかで参考指針として挙げられている「学士力」の要素を見るとオーストラリアのメルボルン大学のアトリビュートや，ハーバード大学が2007年に公表した一般教育対策本部による報告書のなかでグローバル化した社会のなかでハーバード大学の学生が身につけるべき能力・技能として明示されている要素と重複している部分が多い。

それらは,「問題発見力」であり,「課題解決力」であり,「協働できる力」「倫理性」「他の文化を理解でき受け入れる力」「世界の人々とコミュニケートできる力」等であり,これらはグローバル化した21世紀の社会で国境を越えて求められる「普遍的な技能」でもある。

　本書では,グローバル化が高等教育に及ぼす影響は多大であるという前提のもと,学びの質保証というキーワードを手掛かりに,多くの国々で現在共通している教育政策や高等教育の動向を見ていくことにする。近年成長が目覚ましいアジアの国々やイギリスの事例も取り上げるが,筆者の研究対象として長らく扱ってきたアメリカを中心に教育に関する動向を取り上げていきたい。

第1部
大学の国際化，個性化戦略の方向

1 海外の大学における教育の国際化戦略
―― スタディ・アブロード・プログラム

世界的に急速に進展する教育の国際化

　近年，日本の大学にとって教育の国際化を進展させることは重要な生き残り戦略の一つとなりつつある。教育の国際化には，留学生確保のみならず，グローバルスタンダードにあわせて，いかなる言語で授業を提供するか，どのようなタイプの授業方法を取り入れていくか，あるいは自国の学生を海外で研修や体験をさせる機会をどう提供するかといったことも含まれている。

　こうした動きは世界中の高等教育機関で急速に進展している。留学生という点に焦点を絞ってみれば，高等教育への財政援助が縮小する環境では，高い授業料を支払ってくれる留学生は，大学に安定した財政をもたらす重要な資源であるとみなされていることから，世界中の高等教育機関が留学生を確保することに熱心になるわけである。

　例えば，オーストラリアの高等教育機関における留学生募集戦略はアグレッシブといってもよいような積極的な留学生獲得を目指している。オーストラリアの高等教育機関の積極的な留学生募集は，1985年のフルコストの授業料を学生に課す政策への変更に伴って始まった。その結果，1984年にわずか1万5千人であった留学生は1998年には7万5千人，2000年には8万9千人へと実質的に急激な増加を示してきた。オーストラリアだけでなくヨーロッパ諸国においても，ヨーロッパ共同体(EU)域内での学生の相互交流が盛んになることを目指したエラスムス計画が導入されて以来，定期的にEU内の高等教育機関に在籍する留学生の数は増加してきている。

学位の提携など大学制度も国際化

　高等教育の国際市場は3000億ドルにもおよぶ巨大産業といわれている。

そのなかでもヨーロッパの国際市場は，1990年代後半から現在にかけて年率7%の割合で成長している。かつての高等教育の国際化動向と現在の動向の差異の一つとして，現在では国境を越えて大学同士が提携しあう形態が増加していることが挙げられる。具体的には，ある国の大学が別の国にキャンパスを開校したり，海外の大学との連携によって学生が両方の大学から学位を取得できるなど，国境を越えての国際的な連携が活発になっている。つまりグローバル化の進行に呼応する形でこれまでとは異なる国際化した大学制度が続々と誕生しているとも言い換えられる。

　もう一つの大きな潮流は海外留学プログラムの活発化と多様化である。学生はグローバル化のなかで，流動的に高等教育を求めるようになってきている。その代表例が学生のスタディ・アブロード・プログラムである。日本でも，2007年7月に公表された中央教育審議会大学分科会制度・教育部会学士課程教育の在り方に関する小委員会による「学士課程教育の再構築に向けて」において，学士課程共通の「学習成果」に関する参考指針として各専攻分野を通じて培う「学士力」が明示された。その一つに「多文化・異文化に関する知識の理解」が挙げられている。同様に，他国の大学においても，「多文化・異文化に関する知識の理解や体験」は大学生が身につけるべき重要な力とみなされている。例えば，ハーバード大学が2007年に明らかにした一般教育対策本部による報告書においても世界の他の文化や文化的多様性を理解することの重要性が指摘されている。オーストラリアのメルボルン大学においても「国際性かつ世界観を備え，社会的，文化的多様性の理解を十分にできること」という項目が卒業生が身につけるべきアトリビュートとして明示されている。そうした動向を反映して，多くの国においてスタディ・アブロード・プログラムの充実が図られ，学生自身も大学の支援を受けて，プログラムに参加するようになってきているわけだ。

ノッティンガム大学のスタディ・アブロード・プログラム

　エラスムス計画の普及の効果もあり，2003年にはヨーロッパにおいては200万人の大学生が海外留学をしたという。そのなかでもイギリスにはEU

諸国から11万2千人を越える学生が留学しているというが，イギリスの大学から海外に留学する学生についてはどのような状況だろうか。ここで，ノッティンガム大学のスタディ・アブロード・プログラムを見てみよう。ノッティンガム大学はノッティンガムにある名門の総合大学である。

ノッティンガム大学には5つのスタディ・アブロード・プログラムがある。それぞれの概略を示してみよう。

http://www.nottingham.ac.uk/international/_media/pdf/mobilityteam/Steps%20to%20Study%20Abroad.pdf

国際的な研究大学が加盟しているUniversitas 21 (U21)という国際コンソーシアムによる交換留学プログラムは，ノッティンガム大学の提携先の大学に正規留学生として学生を送り出すプログラムである。例えば，オーストラリアではメルボルン大学，クィーンズランド大学，ニューサウスウェールズ大学の3校が加盟しており，カナダからはブリティッシュ・コロンビア大学，ニュージランドからはオックランド大学等，アメリカやアイルランドも含めると圧倒的に英語圏の大学がU21の加盟大学であることが興味深い。英語圏以外では，韓国の大学と中国の北京大学と復旦大学など参加大学数はかなり限られている。

エラスムス計画はEU内の交換留学プログラムであり，このプログラムはノッティンガム大学と学科あるいは学部やスクールを基準に提携している大学に交換留学生として留学するように設計されている。

EU以外の提携している海外の大学で留学生として学ぶプログラムが国際留学プログラムである。

キャンパス内部間交換留学プログラムは，新しい高等教育の国際化の流れを反映して誕生したプログラムとみなされるだろう。つまり，ノッティンガム大学は海外キャンパスをマレーシアと中国に設置しているが，海外キャンパスに設置されている教育課程と同じ内容を本国のキャンパスで履修している学生のみがこの海外キャンパス留学プログラムに応募することができるというものである。

最後の短期間海外研修プログラムやサマースクールは留学先での単位が必

ずしも認められるわけではないが，全学生に機会が開かれ，多くの学生がこうした機会を利用することが奨励されている。

それではアメリカの全体的な動向はどのような状況だろうか。2004-05年にかけてアメリカの学生が海外留学をする比率は前年度比で7.7%増加し，20万人以上の学生が海外で学んでいるといわれている。最も人気のある地域は西ヨーロッパであるが，最近ではインドを留学先として選ぶ学生も増加しているという。その背景には，異文化を体験できる一方で，インドの大学では英語が使用言語であることから大学での学習を英語で学べるというところが魅力的であるようだ。

ノッティンガム大学の事例にも見られたように短期海外留学がアメリカでも現在大いに奨励されている。実際に，アメリカ人学生の海外留学数は増加しているが，"Junior Year Abroad"という1年間の留学パターンに比べて短期海外留学は滞在期間が短くなる傾向にあるようだ。

アメリカにおける日本学を学ぶプログラム

次に，日本語，日本文化などを学ぶ日本学教育を目的としたスタディ・アブロード・プログラムを紹介してみよう。アメリカの大学の日本へのスタディ・アブロード・プログラムとして，アメリカを代表する15の名門のリベラルアーツ・カレッジが設置したプログラムがThe Associated Kyoto Program（AKP）である。

毎年40人ほどの学生が日本語の集中的な学習と英語で日本に関連した授業を受講しながら，2学期間京都の同志社大学を拠点として学習する。AKPに加盟している大学は，アーモスト大学，ベイツ大学，バックネル大学，カールトン大学，コルビー大学，コネチカット大学，ミッドベリー大学，マウント・ホリヨーク大学，オベリン大学，ポモナ大学，スミス大学，ウェズリー大学，ウェズリアン大学，ウィリアムス大学，ウィットマン大学の15のリベラルアーツ大学であるが，リベラルアーツ大学によるスタディ・アブロード・プログラムという特徴が主に人文系や社会科学系を中心とした授業内容に反映されている。本プログラムは，1972年に開設されて以来，1300名

の留学生が日本文化を体験し，日本に関する見識を深めてアメリカにおける日本理解に大きな貢献を果たしてきている。

　AKPプログラムは日本語プログラムと選択授業からなる合計32単位のプログラムである。http://www.associatedkyotoprogram.org

　日本語プログラムでは，学生のコミュニケーション技能と文章作成技能の習得に力が注がれているだけでなく，日本料理，書道，アニメ，漫画，新聞の読み方などのワークショップも開かれており，体験をしながら日本語を習得するように工夫されている。

　選択科目は，1学期に2科目を英語で受講するように構成されている。担当する教員は，アメリカから参加している加盟大学の教員と同志社大学の教員等である。授業は，理論や知識を座学で学ぶことに加えて，具体的には，フィールドトリップ，ゲストスピーカーによる授業，フィールドリサーチなどを盛り込むことで，体験を通じて日本文化を学べるような工夫がこらされている。ユニークな授業はジョイントセミナーと呼ばれる形式の授業であるが，これはAKP参加学生と同志社大学の学生が共に学ぶ授業で，英語で提供されている。同志社大学の学生がこの授業に参加する場合には，TOEFLの得点や上級レベルの英語の授業の履修経歴を審査された上で参加が認められるが，日本人学生にとってもアメリカ人の学生とともに学ぶことを通じて，自国にいながら異文化を体験できる意味は大きいと好評である。

　このように現在世界の多くの国々が自国の学生の留学や海外体験をさせることに熱心であるだけでなく，自国への外国人学生の受け入れもいずれの国々も大変熱心になってきている。しかし，2001年の9・11以降，それまで留学生の受け入れが最も多かったアメリカが留学生の受け入れに対して厳しい条件を課したり，アメリカにいる外国人留学生や交換訪問者の滞在 資格情報をより効果的に管理するためにSEVIS(Student and Exchange Visitor Information System)プログラムが発足したこともあり(http://www.ice.gov/doclib/sevis/pdf/sevis_japanese_fs.pdf)，2003年のF-1ビザ(留学生ビザ)取得者は9・11以前に比べて27％減少したことが，アメリカ国務省によって明らかにされている。

http://www.ice.gov/doclib/sevis/pdf/sevis_japanese_fs.pdf

　一方，留学生受け入れに熱心な国の一つであるオーストラリアでは，外国人学生数は順調に増加しており，その結果，高等教育はオーストラリアの主要な外貨獲得の源となっているようだ。

海外にキャンパスを設置する動きも活発に

　さて，次に忘れてはならないのは海外にキャンパスを設置する大学の増加である。アメリカから正式に認可された教育施設やプログラムは世界におおよそ400存在しているという。イギリスやオーストラリアも海外にキャンパスを設置しており，これらの海外キャンパスでは所在国の大学と連携して学位を授与したり，所在国の学生が海外に留学しないままで自国にある海外大学のキャンパスで学ぶことも可能になっている。アメリカの大学が9・11以降留学生の受け入れに寛容でなくなってきていることは前述したが，その一方でアラブ諸国に海外キャンパスを設置するアメリカの大学も増加している。例えば，カタールにはカーネギー・メロン大学，テキサスＡ＆Ｍ大学，バージニア・コモンウェルス大学等，アラブ首長国連邦(UAE)にはジョージ・メイソン大学やニューヨーク州立大学バッファロー校等がキャンパスを開校している。

ジョージ・メイソン大学は2006年にアラブ首長国連邦にキャンパスを開校した (http://gazette.gmu.edu/articles/7435/)。自国の学生がアラブ諸国の文化を学び，外交や政策立案にとってしばしば大きな障害となる偏見や文化的衝突を和らげるための文化の多様性を学ぶという目的と同時に，アラブ諸国やインド，パキスタンなどの諸国の学生がアメリカまで留学しなくても，より近いアラブ首長国連邦にあるキャンパスで学ぶことを可能にすることで，より多くの外国人学生を獲得するという国際戦略の一つでもある。すなわち，アラブ首長国連邦のキャンパスで学んだ後，アメリカのキャンパスで学び学位を取得すれば，それだけ留学費用のコストは低く抑えられるし，海外キャンパスで学んだ後に，大学院のみをアメリカのキャンパスで学べば，留学費用は安く抑えられる。同時に，アメリカにとっても，短期間の留学や海外研修先としてこのキャンパスを持っていることで，効果的な海外体験を学生が

http://gazette.gmu.edu/articles/7435/

できるという戦略である。

　e-ラーニングなどによるテクノロジーの進歩が海外キャンパスでの学習をより容易にすることもあり，今後は国際的な大学連携が活発化していくものと思われる。日本の大学においても，早稲田大学が中国にキャンパスを開校するなどの動きが見られる。グローバル化が急速に進んでいる状況では，学生が異文化を体験し，さらに異文化や多文化を理解する能力は世界が求める標準的な技能や能力であることに疑いの余地はない。このような動向を前提として，高等教育の国際化戦略を立案することが日本の大学にも大いに求められている。

2 海外の高等教育の国際化の動向

はじめに

前章では，スタディ・アブロードや海外にキャンパスを設置する大学の国際化の現状を提示した。本章では，そうした国境を越えて展開する新しい形態について見ていくことにしたい。さらには，各国の国境を越えて展開する高等教育が，人材育成の方向とどのようにリンクするかという視点で動向との接点を分析してみたい。

日本の高等教育の国際化政策

日本においても，国際化政策に注力するようになってきていることは疑いの余地はない。2009年には文部科学省による大学の国際化拠点事業いわゆる「グローバル30プログラム」が始動し，13大学が拠点として選定された。その後，行政刷新会議による仕分け事業の対象となったこともあり，新規事業としての採択は中断されたが，2009年に採択された13大学は，英語で授業を行う教育プログラムの充実，留学生の受け入れ態勢の整備と人数の拡充，海外に留学する日本人学生数を増加させるための方策等を有効化するために，不断の努力を行っている。

2010年6月には「新成長戦略」が閣議決定し，外国語教育，海外の大学との単位相互認定の拡大や日本人学生の海外経験を増やすための取り組みの強化が確認された。同様に，2009年の第2回日中韓サミットでの当時の鳩山総理の提案をベースに，2010年より開催されている「キャンパス・アジア構想」の具体化へとつながった。「キャンパス・アジア構想」では，日中の大学間における単位の相互認定や交流プログラムなどを推進することが合意された。このような教育のグローバル化を推進することを目的として，

2011年には「大学の世界展開力強化事業」が新しい文部科学省のプログラムとして始動することになった。この事業では，国公私立大学を対象に「キャンパス・アジア」構想を推進する拠点の形成「キャンパス・アジア中核拠点形成支援」，アメリカ等の大学との協働教育プログラムを開発「米国大学等との協働教育の創成支援」の枠組みで，日本人学生とアジア・アメリカ等の外国人学生の交流を行うプログラムへの財政支援が行われることになった。こうした取り組みは，交流によりグローバル人材の育成を目指すものでもある。本取り組みに申請した多くの大学が二国間での推進を目指し，質保証の仕組みの構築を充実しようとしたシステムの一つがダブル／ジョイント・ディグリー(Double/Joint degree)である。

　ダブル・ディグリー(2重学位)は，異なる国に設置されている高等教育機関が連携・協力し，開発した教育プログラムを通じて，学生が双方の機関から二つの学位を取得することであり，ジョイント・ディグリーは，連携・協力している二つの機関による連名で学位が授与されることを意味している。世界の傾向として国境を越えて授与される学位については，現在では，ダブル・ディグリーがジョイント・ディグリーよりも両国，地域において共通して授与されている傾向が高い。ヨーロッパの高等教育機関は概してアメリカ機関よりもダブル・ディグリーおよびジョイント・ディグリーの授与に積極的であるという傾向が見られるが，こうした傾向はEU(ヨーロッパ共同体)間における質保証システムの構築にEU全体で取り組んでいる大学の状況とも大いに関連性があるといえるだろう。

国際的な大学間競争

　グローバル人材の育成については，企業や財界からの危機感もかなり強く，例えば，2010年に財務省が設置した「人材の育成・活用に関する研究会」においても，若年層の基礎的能力不足，内向き志向への危惧に加えて，グローバルに対応可能な人材の不足について，産業界がかなり危機意識を持っていることが議論となった。

　高等教育の国際間の競争が激化していることも，21世紀の大学を取り巻

く現状であることは周知となっている。主要国の高等教育機関に在籍する留学生の割合にも変化が見られるようになっている。2008年の文部科学省調査によると，その比率はオーストラリア33.4％，イギリス37.0％，アメリカ6.1％，日本3.8％（日本のみ2009年調査結果）となっており，オーストラリアとイギリスにおける留学生受け入れが進展していることが判明している。日本での受け入れは3.8％とかなり低いが，日本から海外への留学生の減少も顕著になっている。2008年に海外で学ぶ日本人留学生数は6.7万人となっていたが，この数字自体は2004年から2割の減少であった。特に，従来日本人留学生の留学先としては最も多かったアメリカにおける日本人留学生数は1997年4.7万人から2008年には2.9万人へと大幅に減少しており，この数字には現アメリカ国務長官のヒラリー・クリントン氏も危機意識をあらわにし，2011年には今後何らかの日本人留学生数を増加させる方策を両国が真剣に考えていくべきではないかという姿勢を明示しているほどである。

国境を越えて移動する高等教育

近年，国境を越えて提供される高等教育が急速に進展している。ユネスコ／OECDによる「国境を越えて提供される高等教育の質保証に関するガイドライン」[1]によれば，教員，学生，プログラム，教育機関・提供者，または教材が国境を越えて提供され，その方法には，学生の海外留学，海外分校での学び，遠隔教育など多様な形態が含まれているとしている。Jane Knight(2005)も国境を越えて提供される教育をクロスボーダー・エデュケーションという用語で表し，「法的な国境や地域を越えて，人々，知識，プログラム，提供者，政策，思考，カリキュラム，プロジェクト，研究およびサービスが移動すること」と定義している[2]。

高等教育の国際化は，従来から喫緊の課題として，多くの国々において取り上げられてきたが，かつての高等教育の国際化動向と現在の動向の差異の一つとして，国境を越えて大学同士が提携しあう形態の増加が挙げられる。ある国の大学が別の国にブランチ・キャンパス（以下海外分校）を開校し，ホスト国学生のみならず第三国の学生が海外分校で学ぶといった新しい留学形

態の登場や海外の大学との連携によって学生が両方の大学から学位を取得できるといった共同学位制度等が具体例である。

　連携による学位にはさらに様々な形態が含まれる。留学先の大学から学生は学位を取得するケースが通常であったが，現在では，学生の留学先の大学が提供するプログラムの一部を学生の所在している国の大学が引き継ぎ学位を授与するような形態も誕生している。それらの学位は部分学位プログラム(Twining Degree, Split Degree Program)と呼ばれている。学生の所在国等の学校がプログラムのすべてを請け負い，学生は大学在学中の全期間を本国においてプログラムを履修するという形態も存在している。この形態を通じて取得した学位は外国機関提携学位(Partner-supported Delivery)と呼ばれている。

　学生が国境を越えて移動し海外の高等教育機関で学ぶ伝統的留学と，学生が国境を越えて移動するのではなく，むしろ，教育プログラムあるいは大学が国境を越えて移動するケースは非伝統的留学と整理され，トランスナショナル・エデュケーションと定義されている[3]。本章では，国境を越えて提供される高等教育をトランスナショナル・ハイヤーエデュケーション(TNHE)と同義で使用する。

　国境を越えて提供される高等教育の急速な進展の背景には，3000億ドル以上にもおよぶ巨大産業である高等教育の国際市場の存在がある。そのなかでもヨーロッパの国際市場の成長度合いは高く，イギリスの大学のTNHEの進展はとりわけ進んでいると指摘されている。

　ヨーロッパにおいては，ボローニャ・プロセス以降，EUの大学間における質保証と共通化を進めてきたことが特徴でもある。具体的には，比較可能な学位制度の構築，学士課程と大学院課程の2段階制の構築，学士3年以上をヨーロッパ労働市場での標準とすること，学生・教職員の流動化を促進させること，学生の流動化の促進のためにECTS(European Credit Transfer and Accumulation System)と呼ばれる単位互換を推進すること，そして質保証に関して比較可能な制度を構築することである。

　国境を越える高等教育の具体例としては，欧米の大学が海外キャンパスを

設置する機会が増加している。一方誘致国もそうした欧米の大学の海外キャンパスの誘致に積極的となっているのも近年の動向である。カタールの高等教育の国際化戦略は，そうした欧米の大学を自国に積極的に誘致するという戦略が基本となっている。具体的には，カタール教育科学，コミュニティ開発財団がアメリカ大学の分校設置に際してすべての費用を負担し，施設等も提供するといったものである。カタール側としては，レベルの高いアメリカ大学のハイテク分野を誘致することにより，自国の科学技術の発展と頭脳流出の歯止めに結びつけたいという意図がある。そのためには，カタール国籍の学生は授業料を支払うが，カタール政府や将来の雇用者からのローンにより授業料を支払う仕組みも導入する。そうしたローンは，卒業後数年間カタール国内で仕事に従事すれば，返済が免除される仕組みとなっており，カタールの頭脳流出を抑えるインセンティブとして機能するという内容である。

こうした高等教育の国際化戦略を推し進める国は，カタールに限らず，豊富な石油資源を背景にしたドバイやアラブ首長国連邦（UAE）などの他の中東諸国にも顕著であるといえるだろう。

より長期的にみれば，誘致国は，海外分校を誘致することにより，自国の科学技術の発展と頭脳流出の歯止めのみならず，将来的には周辺地域からの学生の移動およびハイテク産業の集中も意図する教育的および研究的ハブとしての役割拡大を企図しているとも見ることができる。

アジアの高等教育改革の共通点

アジアの国々の高等教育機関は，次章で提示するように韓国，中国，マレーシア，台湾等のワールドクラス・ユニバーシティを目指した国際化戦略と改革を積極的に推進していることが特徴でもある。内容としては，

(1) 世界中から有能な研究者をリクルート
(2) 学士課程と大学院両方において英語による授業を増加
(3) 学生や教員の国際間での流動化の促進
(4) 研究やカリキュラム面において，外国のパートナー大学との連携を推進

(5) グローバル市場での就職を目指した人材の育成

といったことが代表的な政策，方策として挙げられる。

　韓国の教育ハブ構想は，国際化戦略の例であるが，韓国政府は総事業費762億円をかけて，完成時のキャンパス全体の学生数1万～1万2千人となる松島(ソンド)グローバル・ユニバーシティ・キャンパス(SGUC)を造成している。SGUCには，外国大学の分校が10校程度入居する計画であり，名門大学であるヨンセイ大学もすでに国際キャンパスを設置している。韓国は英語教育に力を入れており，高校を卒業するとアメリカやオーストラリアの大学へ留学する学生も多く教育上の貿易赤字が40億ドルと巨額である。教育上の貿易赤字を改善するために，国内での国際化を進展させようとする韓国の政策と捉えられる。少子化が進展する現状において，学生確保の面からの経営の課題等があるが，今後の動向を注視する必要があるといえよう。

日本への示唆

　グローバルな大学間競争のなかで，高等教育の国際化が必然とすれば，どのような政策が必要となるだろうか。世界の教育政策に見られる学習成果重視型という共通点のなかで，グローバル化に耐えうる大学のカリキュラムをいかに構築していくべきか。あるいは，グローバル人材の育成をどうするか。韓国のように低学年から英語教育に注力し，英語教育の充実を政策的に推し進めている国と比較すれば，日本の外国語教育はどちらかといえば底上げ中心であるとしばしば指摘される。底上げ中心の日本の外国語教育により，グローバル人材は育成できるのか。あるいは，アジアの大学のグローバル人材育成戦略は日本の企業にとっても魅力的であると評価し，産業界がアジアの大学の卒業生を採用するという傾向も散見される。そうした産業界の日本人学生パッシング動向にどう対処していくのか。日本の高等教育の国際化戦略は転換期を迎えているといえるだろう。

3 | 大学ランキングとアジアの動向
―――大学ランキングとワールドクラス・ユニバーシティ

はじめに

2章ではグローバル化という現象が進行するなかで、世界の大学がいかに留学生を確保しているか、ラーニング・アウトカムをどう測定し、獲得させようとしているか、異文化・多文化の知識や体験を促進するためのスタディ・アブロードを充実している実情および海外でのブランチ・キャンパスの設置等の動向を紹介してきた。本章では、過熱化するランキング競争を意識した世界の大学、そのなかでも特にアジアの大学の動向について紹介してみよう。

2010年7月26日版の朝日新聞に、世界の大学ランキングに関する特集記事が掲載されていた。編集委員の山上氏によると、「世界の大学ランキングへの視線が熱い。英語圏の大学が有利にある傾向に反発して一定の距離を置く大学があれば、あえて流れに乗って躍進を目指す大学もある」とのことだ。一連の大学ランキングにおいては、研究指標のみならず、国際化もキーワードとなるために、研究、教育面での国際化に重点を置く世界の大学も増加している。日本の「グローバル30プログラム」も実際には、こうした国際化を軸とする大学ランキング競争と無縁ではない。

先日ある国際会議で欧米の研究者、東アジア、東南アジアの研究者と議論する機会があったが、その際、アジア圏の研究者の多くが、世界大学ランキングやアジア大学ランキングを強く意識し、ワールドクラス・ユニバーシティを目指して国際化を軸としてランキングを上げることを戦略としていることを認識した。大学ランキングを意識し、積極策を取っている大学は、欧米圏以上にアジア圏の大学に多いことが興味深い。

THEと上海交通大学のランキング

それでは世界の大学ランキングをめぐる状況はどのようになっているのだろうか。

ランキングが強く意識されるようになった背景としては，グローバル化，知識基盤社会，人材育成といった用語がキーワードとして挙げられるだろう。グローバル化が進展するなかで，知識や人材をめぐって国際的な競争が熾烈になってきている。そうした環境のなかで，世界の大学は，いかにワールドクラスの研究拠点を形成し，国際化を進展させるかということに必死になっている。

現在，大学ランキングは，世界の大学ランキング，アジアの大学ランキング，アメリカの大学のランキング，イギリスの大学のランキング，オーストラリアの大学のランキング，カナダの大学のランキング，ロシアの大学のランキングのように世界，アジアといった大規模なものから，一国の中での大学ランキングなど多様なランキングが存在している。

世界の大学ランキングでは，「タイムズ・ハイヤー・エデュケーション(THE)」と「上海交通大学」による大学ランキングがよく知られている。THEは，新聞というメディアによる大学ランキングであるゆえに，その広報のノウハウを武器に，2004年のランキング発表以来，多くの一般読者を引きつけている。留学を目指している学生にとっても，THEのランキングは志望校選択の重要な情報源となっている。

それだけでなく，論文の被引用件数などが評価指標として挙げられていることから，世界中の研究者が参照している。

THEは大学機関と学問分野ごとのランキングを実施している。その際の評価となるデータについて，2009年度版を参照してみると，「研究者によるピア・レビュー」「採用者側のレビュー」「論文の被引用件数」「外国人教員比率」「留学生比率」「学生と教員比率」となっている。研究者によるピア・レビューが40%，採用者の評価が10%，学生と教員比率が20%，所属大学教員の論文の被引用件数というパフォーマンス評価20%，外国人教員比率5%，留学生比率5%で合計100%になるように設定されている。THEのラ

ンキングは，2010年から学術情報リサーチ会社であるトムソン・ロイターと提携することにより，評価指標を上記の6項目から研究の質，大学の組織力，経済活動等を評価するために，13まで増加することになっている。

上海交通大学によるランキングは，大学内にある高等教育研究所が研究を目的に行っているランキングで，世界のトップ大学500を対象としている。ノーベル賞，フィールズ賞受賞数や，論文の引用数など研究パフォーマンスに重きを置いており，自然科学系・英語圏の大学への偏りが従来から課題と指摘されてきた。

上海交通大学によるランキングは，中国の大学がワールドクラス・ユニバーシティを目指すというグローバル化に対応した戦略を立てるため，あるいは立てたことが背景にあるともいわれている。実際に，多くの世界の大学は，現在，このランキングを意識して，大学の戦略を立てているといっても過言ではないことは先述したとおりである。戦略の代表例が，「世界的研究拠点の形成」と「国際化の進展」であろう。

研究拠点大学へ——浦項工科大学

韓国の浦項工科大学の例を示してみよう。POSTECという名称で知られている浦項工科大学の設立は1986年と歴史は浅い。設立当初は浦項製鉄が運営に参画していたが，現在は直接の経営には関係していない。しかし，設立にあたって，浦項製鉄の会長がアメリカのカリフォルニア工科大学を訪問し，韓国にもカリフォルニア工科大学のような大学を設置することを決意し，イギリスに在住していた著名な物理学者の金博士を学長として招聘した。金学長の人脈をもとに，欧米を中心に在住している韓国系の著名研究者を集めて，浦項工科大学がスタートした。初めての新入生募集にあたっては，大学修学能力試験の成績が上位2.4％以内と高く設定することにより，優秀な新入生の獲得に成功し，ソウル大学と並ぶレベルの大学としての地位が定着した。現在は，ワールドクラス・ユニバーシティを目指すという標語を掲げて，理工系を中心とする研究拠点の形成を積極的に進めている。設立からわずか20年余りで，研究拠点大学としての名声を得るようになった要因は，初代

学長をはじめ，海外で活躍する韓国系の研究者を多く呼び戻して世界的な研究を推進できる態勢を整えたことが大きい。現在でも継続的に欧米に移住する韓国人はかなり多く，韓国語を話せる韓国系アメリカ人の2世の数も多い。アメリカや南米に移民した日系人がすでに4世や5世となっていることから，言語だけでなく，父祖の祖国である日本に対するなじみが薄くなっている日系人と日本との関係と比較すると，母国である韓国へのなじみも深い。そうした韓国系研究者を良い条件で獲得すれば，一挙に研究も国際化も促進するというわけである。

国際的な質保証を目指す台湾の大学

他の東アジアの国はどうだろうか。台湾の大学は1990年代以降，質の保証とグローバル化の進展に合わせて，国際的にも通用する大学を目指して急速に改革を進めているという。2005年には高等教育評価機関が設立され，5年間での500億エクセレンス・プログラムが発足した。このプログラムは，日本のグローバルCOEやグローバル30プログラム，あるいは韓国のブレイン21プログラム，中国の985エクセレンス・プログラムと同様に，国際化をキーワードにワールドクラス・ユニバーシティ計画を推進するという内容である。

台湾の高等教育に限らずアジアの大学が国際化を進展させていくには，1)世界中から有能な研究者をリクルートする，2)学士課程と大学院両方において英語による授業を増加させる，3)学生や教員の国際間での流動化を進める，4)研究やカリキュラム面において，外国のパートナー大学との連携を推進するといったことが共通の戦略である。台湾は，国際化を進めていく上で，国際的な評価機関の認証を受け，国際的に質の保証が認知されているという事実を広報することで，留学生を増加させるという方向性を実践している。台湾では，高等教育機関は，高等教育評価機関による評価が義務づけられているが，ワールドクラス・ユニバーシティを目指すという国家戦略が明らかになって以来，国際評価機関の評価を受けた高等教育機関は，国内の高等教育評価機関による評価が免除されるようになった。その結果，工学系，ビジネ

ス系のプログラムが国際評価機関の評価を積極的に受けるようになっている。そのメリットは，外国の機関との合同プログラムを設置しやすいこと，その結果として留学生をより多く引きつけられることであるという。

　Fu Jen Catholic 大学も，世界大学ランキングを強く意識して，そうした国際的な認証機関の認証を受けることを目指し，国際化を進展させている大学の一つである。

　http://140.136.240.107/english_fju/

　Fu Jen Catholic 大学の学生数はおおよそ2万6千人，専任教員数は760人である。9学部があるが，そのうちの一つにマネジメント学部がある。マネジメント学部は，5つの学士課程の学科，6つの修士プログラム，そして7つのエグゼクティブ修士プログラム，1つの博士プログラムから成り立っている。まだ正式な認証評価を受けているわけではないが，AACSB（The Association to Advance Collegiate Schools of Business）による認証を目指して着々と準備を進めている。具体的には，9カ国の28大学の学部と提携や交流締結を行い，在籍している留学生の22.3%がマネジメント学部で学んでいる。また英語による授業数も年々増加している。

http://140.136.240.107/english_fju/

中国・シンガポールの動向

　もちろん，中国の大学やシンガポールの大学も積極的な国際化政策を推進していることはいうまでもない。中国では，外国人研究者や教員の招聘を行うにあたって，給与水準が課題となってきたが，現在多くの大学が様々なボーナスを付与することで，外国人教員を招聘する条件の向上に取り組んでいる。

　シンガポールの大学は，公用語が英語であることが，国際化を進展させていく上で，有利な立場にある。つまり，英語での授業の提供，研究拠点の形成をする上で，欧米圏の研究者を招聘しやすいからだ。そのような状況がTHEのランキングにおけるシンガポールの大学の高い順位を反映しているといえよう。

　アジアの大学では，韓国，中国，台湾，シンガポール，そして日本等東アジア圏に位置する高等教育機関が国際化を通じてのワールドクラス・ユニバーシティを目指し，ランキングを上昇させようという傾向が一歩進んでいるようだが，それでは他のアジアの状況はどのようなものだろうか。ここで，マレーシアの状況を見てみよう。

マレーシアのエクセレント大学ランキング

　以下のサイトではマレーシアにおける大学ランキングの公表が掲載されている。

http://thestar.com.my/education/story.asp?file = /2010/7/18/education/6667779&sec = education

　今回公表されたランキングは，必ずしも順位によるランキングではなく，Tier Five から Tier One までの大学の機能別ランキングというイメージに近い。そして Tier Five はエクセレント大学として定義されている。マレーシアでは長い間，ランキングの公表が待たれていたという。ようやく実現したマレーシアのエクセレント大学ランキング(Tier Five)にリストアップされた18大学のうち7大学が公立機関で，残りの11校が私立大学となっている。

　今回のランキングの評価指標では，大学でのティーチングとラーニングが

http://thestar.com.my/education/story.asp?file = /2010/7/18/education/6667779&sec = education

重要視され，研究や社会貢献については評価指標が使われなかったため，将来的には研究と社会貢献を評価指標として使うことが予定されているという。また，表に掲載されている大学のなかには，オーストラリアのモナシュ大学のクアラルンプール校やイングランドのノッティンガム大学のマレーシア校など外国大学のブランチ・キャンパスの名前が挙がっていることが興味深い。近年，マレーシアにおいても，急激に高等教育への進学者数が増加してきており，国内の需要に国内の大学だけでは追いつかないという状況がある。そのため，外国大学がブランチ・キャンパスを設置して，増加する学生を吸収しているが，一方で，外国のブランチ・キャンパスを設置することは，国際化を進める戦略の一つでもある。

　外国大学のブランチ・キャンパスには様々な形態がある。自国に設置されている外国大学のブランチ・キャンパスだけでの学習を通じて学位が授与される形態，ブランチ・キャンパスでの学びと本国のキャンパスでの留学での学びを合わせて学位が授与される形態などである。しかし，いずれにしても，ブランチ・キャンパスでの授業形態は，本国の授業と同様の内容で行われる

場合には本国の言語で提供されることも多く，ブランチ・キャンパスの設置によって，国際化が進展するということもメリットの一つである。それゆえ，今回のランキングにおいては，モナシュ大学のブランチ・キャンパスや，ノッティンガム大学のブランチ・キャンパスなど，教育機能を重視している外国大学がリストアップされたともいえるだろう。

　さらには，今回のランキングの実施と公表は，マレーシアにおいても，質保証という問題が，グローバル化の進展に合わせて重要な課題となってきていること，評価が，機関への資源配分に対して，重要な意味を持ち始めていることを示している。特に，公立大学への資源配分に対して，社会からのアカウンタビリティが求められるようになってきていることも関係している。つまり，今回，エクセレント大学(Tier Five)としてランクされた大学は，マレーシア政府によるグラント獲得に有利になると同時に，研究大学として活動していく土台を固めることにも利用できるという。また，政府の公立大学への財政配分も，今回のランキング結果を参考にしていく姿勢が実際に首相によって表明されている。今回の公表結果によって，Tier Five としてリストアップされた大学の学長の多くは結果を好意的に受け止めており，例えば，Universiti Malaya の学長は，「今回の結果は，今後，研究大学として世界ランキングに対応していくために，よりバイオやナノテク分野の重点化を進めていくための基礎となった」と語っている。同様に，テイラー大学カレッジの副総長も，「今回の結果は，我が大学にとっても快挙であり，学生にグラントがつくこと，そして研究資金がより配分されるというインセンティブは将来にとっての大きな励みとなる」と語っている。エクセレント大学としてランクされた大学からのコメントのみで，Tier One にランクされた大学がどうランキングを受け止めているかについて知ることができないのは残念であるが，いずれにしても，ランキング競争が世界の多くの大学を巻き込みつつあることは否定できない。こうした競争に積極的に関わっていく，あるいは距離を置くといった選択をするにあたって，自らの大学の使命と将来像をしっかりと把握することがこれまで以上に重要となっているといえよう。

4 歴史的ブラックカレッジの意義と役割
―― アフリカ系アメリカ人のリーダーを養成

はじめに

オバマ氏が第44代大統領に選出されたことにより，アメリカ始まって以来の黒人大統領が誕生した。筆者の知り合いの多くのアメリカ人も，このことをヒストリック・モーメント(歴史的な瞬間)だと評していた。

ところでアメリカのアクレディテーションにも地域基準協会の個性が反映されており，高等教育機関にも個性を生かすミッションとアウトカムが評価されている。そして，南部州を管轄する SACS (Southern Association of Colleges and Schools Commission on Colleges) の場合には，アフリカ系アメリカ人と白人との間の教育の分離という問題あるいは全般的に貧困という問題を克服することが重要課題として続いている。したがって，教育の質保証と学生への財政援助を通じての機会の提供が SACS にとっては不可欠な課題である。それゆえ，特に教育の質の保証のためには，SACS が管轄する州には他の州とは異なり，黒人(以下アフリカ系アメリカ人)学生を主な対象とした Historically (以下歴史的) ブラックカレッジが数多く存在する。

本章では，アメリカの高等教育機関における多文化主義を取り入れた教育プログラムの意義を示した後に，アメリカのユニークな高等教育機関である歴史的ブラックカレッジを紹介する。

アメリカの高等教育機関における多文化主義を取り入れた教育プログラム

多様な人種・民族から構成されているアメリカにとっては，多文化主義は9・11以降停滞しているという見方があるが，国家を統合していくための重要な概念であることは否定できない。したがって，多文化主義にもとづいた

教育は初等教育から高等教育を通じて，すべての階級，階層，人種，民族，ジェンダー，文化的背景の児童，生徒，学生に平等な教育の機会を保障するための概念であると同時に，教育改革運動であり，そしてその過程そのものとして受け止められている。より具体的に見れば，第一に低所得者層，人種・民族的少数派，女子生徒，障害を持つ生徒の声，経験などをカリキュラムに組み込むというカリキュラム改革であり，第二にこれらの集団に属する生徒の学力達成に向けての支援，第三にこれらの集団に属する生徒の間の教育を普遍化するということに置き換えられる。

　1960年代の公民権運動以降，アフリカ系アメリカ人は差別の撤廃を求めるようになったが，当時の目標は公共の施設，住居，雇用そして教育の領域に存在する差別の改善にあった。アメリカに限らず，多様な民族・人種から成り立つ国家においては国民統合をいかに実施するかということは大きな国家的課題である。アメリカにおいては，その国民統合の一つの象徴が「アメリカ化教育」であったことは疑いがない。その際，アフリカ系アメリカ人に注目してみれば，彼らは可視，不可視の様々な「隔離制度」(segregation)によって実質的には国民統合から排除され，貧困のなかに閉じ込められていた。とりわけ，南部においては「隔離制度」は根強く，公民権運動以降に差別撤廃が制度化されたとしても，実際には隔離状況が消失したわけではなく，現在でもまだ白人とアフリカ系アメリカ人との間の格差は大きい。それがSACSのアクレディテーションの基準にも反映されている。

　「アメリカ化教育」に象徴されるように，50年代の統合の根底にあったコンセプトは，ホワイト・アングロサクソン・プロテスタント(White Anglo-Saxon Protestant)いわゆるワスプ(WASP)の主流文化の存在を前提とし，それへの同調，同化が統合の達成にあったのが，そうしたワスプの持つ主流文化への同化への痛烈な意義申し立てが公民権運動およびその後の多文化主義へのつながりであったといえる。公民権運動は，その後アフリカ系アメリカ人だけでなく，ネイティブ・アメリカンやラテン・ヒスパニック系，プエルトリコ系，アジア系などの人種・民族的少数派にも波及していった。

　しかし，メリトクラシー(業績主義)が象徴として捉えられているアメリカ

においても，実際にはメリトクラシーは人種・民族的少数派，女性などのマイノリティには機能しにくい。マイノリティが上昇移動するためには，特に，高等教育はカギとなる。したがって，アファーマティブ・アクション（少数者差別撤廃措置）が高等教育にも適用されたことが，社会的少数者の進学率の向上という成果につながり，構造的同化の一歩となってきた。

現在，多くの高等教育機関においては，1960年代以降の公民権運動の広がりとその後の1970年代から80年代にかけての文化的多元主義の登場と80年代後半以降の多文化主義の浸透により多くの大学の一般教育の見直しの流れのなかで西洋中心の歴史教育の改革が行われた。具体的には，アフリカ系アメリカ人の歴史や研究，ヒスパニック，アジア系の歴史や研究などが一般教育および学問分野として教育課程やプログラムとして構築された。同様に，女性学（Women's Studies）が女性学研究として女子大学から始まって，現在では女子大学だけでなく多くの大学にも Women's Studies プログラムが設置されている。これらは多文化主義教育・研究プログラムの事例である。

そうしたプログラムの理念や目標を大学の使命そのものとして掲げているのが歴史的ブラックカレッジである。現在，アメリカでは歴史的ブラックカレッジはマイノリティへの教育機会の提供を大学の特徴とする教育機関として認知されており，特に1964年以前にはアフリカ系アメリカ人のみを対象として高等教育を提供していた機関であった。というのも，1964年以前には白人を対象とするアメリカの高等教育機関にはアフリカ系アメリカ人の入学は許可されていなかったからである。現在でも100以上の歴史的ブラックカレッジが存在しているが，その多くは南部と東部の州に集中している。

特に南部においては人種による分離が法的にも認められていたため，アフリカ系アメリカ人が高等教育を受ける機会は極めて限られていた。そのため，アフリカ系アメリカ人へのより高度な教育の機会の提供を目的として設立されたのがブラックカレッジであったということになる。

ほとんどのブラックカレッジは，南北戦争後に設置されている。1854年に設立されたペンシルバニアにあるリンコリン大学と1856年に設立されたウィルバーフォース大学が南北戦争以前にアフリカ系アメリカ人の教育水準

の向上を目指して設置された唯一のブラックカレッジであったといわれている。

1964年の最高裁によるブラウン判決の決定により，教育に関する人種統合が連邦の教育政策の基本となり，その後の1965年の高等教育法でもこの判決を基本として高等教育機関でのマイノリティ学生の受け入れを実質化した。そのことにより，ブラックカレッジは他の人種を受け入れることになったことから，歴史的ブラックカレッジと呼ばれている。実際，かつてはブラックカレッジとして設立されたにもかかわらず，現在では白人学生が大多数を占めているケースもある。

歴史的ブラックカレッジは州立大学と私立大学の両方があるが，州立の歴史的ブラックカレッジは他の州立大学よりも比較的学費が安く抑えられていることも特徴の一つである。アフリカ系アメリカ人の歴史や文化も学ぶことができる歴史的ブラックカレッジは，すべての学生に門戸を開く今日でも，独自なプログラム，教育方針を打ち出していることで知られているといえる。そこで，歴史的ブラックカレッジのなかでも，歴史も伝統もそして質も高いという評価を受けている男子校であるモアハウス・カレッジを見ていこう。

アフリカ系アメリカ人男性のための大学

モアハウス・カレッジは，ジョージア州アトランタにある歴史的ブラックカレッジであり，アフリカ系アメリカ人のハーバード大学とも呼称されることの多い男子校である。モアハウス・カレッジを卒業した著名人は数多い。例えば，最高裁の判事として長く活躍したマーシャル判事，マーチン・ルーサー・キング牧師，映画監督であるスパイク・リー，俳優のサミュエル・ジャクソン等が卒業生であるが，こうした卒業生はいずれもアフリカ系アメリカ人としての強力なアイデンティティを持ち，彼らを取り巻く社会や環境を変革するために，活躍をしてきた。このような特徴が実は後述するモアハウス・カレッジのミッションそのものとなっている。

2003年データをもとにすると，おおよその学生数は2900人前後であり，学費は1万1千ドル程度となっている。学生の95%以上がアフリカ系アメ

http://www.morehouse.edu/about/

リカ人である。残りの5％はアフリカ系の留学生が主な構成者となっている。
http://www.morehouse.edu/about/

　モアハウス・カレッジは，1867年にアフリカ系アメリカ人牧師と教師の養成を目的として設立されたバプティスト教会付属のオウガスタ・インスティチュートが基盤となっている。アフリカ系アメリカ人にとって信仰を持つことは，最も重要な生活の一部であり，特にバプティスト教会がアフリカ系アメリカ人の心の糧ともなっている。オウガスタ・インスティチュートが設立されたのは，スプリングフィールド・バプティスト教会と呼ばれるアメリカでは最も古いアフリカ系アメリカ人のための教会であった。現在でも，モアハウス・カレッジのキャンパスにはマーチン・ルーサー・キング記念教会があり，信仰は学生にとって切り離せない学生生活の一部となっている。
　この大学の特徴の一つは，大学のミッションとしてアフリカ系アメリカ人

としてのアイデンティティを強く持ち，高い知性とリーダーシップを備えたアフリカ系アメリカ人男性を育成することを掲げていることにある。ホームページにも「Preparing Young Men to Change the World」という文章が示されているように，「Change the world」という強い志を持つことも教育の成果の一つとなっている。オバマ大統領はモアハウス・カレッジの出身ではないが，大統領選を通じてのキーワード「change」はまさにモアハウス・カレッジのミッションとも重なっているだけでなく，彼の政治家としてのキャリアの一部としての過去の活動もモアハウス・カレッジが重要視しているリーダーシップの育成の一つであるボランタリーな活動と重なっていることが興味深い。

　リーダーシップとはモアハウス・カレッジの定義によると，「出世をする，あるいは高い地位を獲得するということではなく，高い知性と志を持ち，モラルを備え，人を引きつけ，引っ張っていくことができる」ということになる。こうしたリーダーシップは，リーダーシップ関係の大学での授業のみならずアフリカ系アメリカ人のコミュニティにおけるボランティア活動という経験とアメリカ以外の国を旅するあるいは外国で学ぶという経験を通じて醸成されるという考えから，サービスラーニングやスタディ・アブロード・プログラムも教育プログラムの一貫として導入されている。実際に，多くの学生がコミュニティ・サービスやスタディ・アブロード・プログラムに参加している。

　モアハウス・カレッジはビジネスと経済，人文学と社会科学，科学と数学という3つの領域を基本とする私立のリベラルアーツ大学として，バランスのとれたリベラルアーツ科目をそろえているが，アフリカ系アメリカ人としてのアイデンティティの形成を目指して，アフリカ系アメリカ人の歴史と文化についての教育もカリキュラムを構成する上で不可欠な要素となっている。具体的な教育目標もしくは到達目標として，

・口頭および文章上でのコミュニケーション能力を育成し，分析的，批判的思考能力および人間関係構築力を育成する。
・世界の文化，芸術および創造的な文化を理解し，慈しむ力を養う。

・高度専門職業に従事あるいは大学院での学習・研究に不可欠な知識や技能の基盤となる力を育成する。
・自信，寛容性，モラル，倫理性，精神性，国際性，社会正義へのコミットメントといったアトリビュートを涵養する。

が挙げられている。

　アフリカ系アメリカ人としての確固なアイデンティティ形成のための一連の関連科目は総称してブラックネス・プログラムと呼ばれている。ブラックネス・プログラムとは，アフリカ系アメリカ人とはいかなる存在であるのか，彼らに特有の歴史や文化を学び，アフリカ系アメリカ人としての強いアイデンティティとセルフエスティームを形成するためのプログラムである。例えば，アフリカ系アメリカ人の代表的大衆音楽であるヒップホップは，ブラックネスという視点にもとづくと歴史を反映した創造的文化の一つとして位置づけられる。若者にとって親しみやすい身近な文化からブラックネスを学ぶこともできるわけだ。

　さて，モアハウス・カレッジのユニークな教育の一つにリーダーシップ・スタディ・プログラムがある。日本の大学においてもリーダーシップの育成は近年企業等から高等教育機関で大学時代に養成されるべき技能として求められつつある。しかし，なかなかカリキュラム上でどのような科目を構成するか，具体的にどのような教育方法で育成するかということについてはブラックボックス状態であり，むしろ，クラブ・サークル等の正課外学習でリーダーシップを身につけることができると回答する学生も多く，その育成のためのプログラムを構築することは容易ではない。

　それではどのような科目を通じてリーダーシップの育成が設計されているのかを見てみよう。リーダーシップ・スタディ・プログラムは学際的なプログラムとしてカリキュラム上位置づけられており，一連の科目の単位をすべて履修すると，学生は副専攻(マイナー)の取得が認定されることになる。1年次あるいは2年次までに5科目を履修することがその条件である。必修科目は，次の3科目，1. HLS101, Foundations of Leadership, 2. HLS201, History and Theories of Leadership, 3. HLS301, Ethical Leadership and African

American Moral Traditions (capstone course)から構成されている。副専攻を取得するためには、この必修3科目に加えて、2科目を学際的な科目群から選択科目として履修し、総計15単位を取得しなければならない。

　リーダーシップ科目群からなるプログラムを修了することで、学生はリーダーシップについての知識や国内および国際的視野にもとづいてリーダーシップの在り方を批判的に検討することができるだけでなく、かつそうした技能を発揮することができるようになるということだ。また、アフリカ系アメリカ人の生活と文化に根ざし、かつ価値観にもとづいたリーダーシップは何かということを思考し、実践、協働できることが到達目標として掲げられている。

　日本では、ブラックカレッジの存在はほとんど知られていないし、ブラックカレッジでの教育プログラムの目標や実際の成果についての情報は皆無といってもよいぐらいだ。オバマ氏が大統領に選ばれて以降、日本でもオバマ氏のルーツはアフリカ系アメリカ人としてのアイデンティティということが盛んに報道された。現実のアメリカではいまだにアフリカ系アメリカ人を取り巻く環境は厳しく、白人との間の格差も大きい。しかし、ブラックカレッジでの教育を通じて、多方面で活躍しているアフリカ系アメリカ人も多い。多文化主義自体を具現化しているユニークな存在であるブラックカレッジを知ることは、多文化とは何かを考える機会になるのではないだろうか。

5 アメリカにおける女子大学の意義
—— 女性リーダーを育成するためのプログラムと支援

はじめに

　文化的に作られた性という意味になるジェンダーをめぐる問題は，各個人の生き方や社会生活のみならず，今後の社会の在り方にまで関わる問題でもある。それゆえ，個人の信念やイデオロギーにもとづく多様な考え方や言説が存在する。同時に，少子高齢化社会を迎えての家族の在り方や男女の共生の実現といった政策的な課題にも密接に関わっている。ジェンダーをめぐる領域は雇用，福祉，教育，メディアなどの公的領域と家庭という私的領域に分類することができる。そのなかでも，公的領域としての教育には幼児から大学生あるいは大学院生までが関わることから，政策的な課題として取り上げられることが多い。とりわけ，高等教育機関は，一般教育や専門教育を通じて，学生を社会人や将来の職業人に備えるための機能を果たしていることから，21世紀の男女共生社会の実現に向けて果たす役割は大きい。

　日本においては，ジェンダーという視点から，近年女子大学の目的と役割の見直しあるいは確認がなされるようになってきている。かつては，「良妻賢母」に代表される既存の伝統的な価値観や女性の役割に対する社会的規範を受容するような女性の育成を看板として掲げてきた女子大学の多くが，専門的技能を持った職業人を育成する学部を設置し，職業人の育成を大学の使命として掲げるようになってきた。あるいは，公的資金をベースに運営されている公立の女子大学の多くが，男女共学大学として再出発するようにもなってきた。国立のお茶の水女子大学や奈良女子大学は，女子大学の在り方を学内で議論してきた上で，女性のリーダーを育成するという使命を明確にし，女子大学としての役割を果たすことを確認している。

　こうした日本の情況を念頭に置きつつ，一足先の70年代から学生人口の

減少を経験し，そのなかでも特に急激な学生人口の落ち込みや諸事情の影響を受け，大学数が1960年には4年制・2年制あわせて300校近くあった女性の大学が1999年には64校にまで減少してしまったアメリカの女子大学の現在はいかなる状況だろうか。特に，女子大学としてのアイデンティティをどのように模索し，その結果としてどのような特徴があるのだろうか。本章では，日米の社会構造や制度の差はあるものの，大学の大衆化，学生人口の減少などをすでに経験しているアメリカの女子大学の現在の姿を見てみよう。

女子大学が直面してきた問題

現在アメリカには，24の州に60の女子大学が存在している。最も女子大学数が多いのはマサチューセッツ州の8校で，ついでペンシルベニア州の7校となっている。アメリカにおいては，女子大学の存在意義はかつてかなり議論されてきた感がある。そうした議論に影響を及ぼしたのは，1960年代から70年代にかけて活発化した女性解放（以下フェミニズム）運動である。

当時のフェミニズム運動によって，高等教育の場では，女性に門戸を閉ざしていた名門大学の共学化要求が全国的なうねりとなり，共学化あるいは共学制そのものが進歩的で真の教育であるとの見方がなされるようになった。その結果，女子大学の数はこの時代に急減する。このように，フェミニズム運動を中心にした教育へのアクセスと平等を目指す運動の結果が，女性にも教育の機会を与えるべく設立された女子大学の，存続危機の要因となってしまったのは，皮肉なことであった。69年から71年まで毎年2桁の女子大学が共学化，あるいは廃校，合併という道を辿った当時の女子大学が直面した問題は①共学制採用という動向，②女性の地位の向上，③財政問題であった。そうした危機を乗り越えて，現在60の女子大学が存在しているというわけである。しかし，現在，60の女子大学が存在しているといっても，学士課程段階では女子大学ではあるが，大学院レベルでは男女共学化している女子大学も少なくない。そのあたりに，アメリカの女子大学が常に直面している女子大学としてのアイデンティティの模索という問題があるのかもしれない。

ここでは，東部にある女子大学の名門といえるマウント・ホリヨーク大学

とヒラリー・クリントン国務長官やクリントン政権時に，女性で初めて国務長官に任命されたオルブライト氏の母校でもあるウェズリー大学の2校について，女子大学としてのアイデンティティをどう教育プログラムから形成しているかを見ていこう。実はこの2校に加えて，同じマサチューセッツ州にあるスミスカレッジの計3大名門女子大学が1970年代には，共学化への検討をしたことがある。しかし，3大学とも，様々な議論や調査の結果，①共学制の大学は男性を優先するために女性に不利な教育環境となっているが，女子大学は女性の学生の教育と発達のみに関心を寄せている。そのため，女性がリーダーシップを獲得できるという教育環境を提供している。②教員スタッフと行政スタッフの多くが女性であることから，女子学生への役割（ロール）モデルを提供することができる。③共学大学よりも圧倒的に多くの成功する女性を生み出している。という3つの理由から女子大学として存続することを決定したのであった。この3つの理由は，現在のマウント・ホリヨーク大学およびウェズリー大学のホームページからも強いメッセージとして伝わってくる。

女子大学の新たな意義

女子大学が1960年から70年にかけて，フェミニズム運動の台頭により，逆にその存在意義が問い直される結果となったことは先述したとおりであるが，その後の70年代以降には，女性という視点だけでなく，そこには男性も含めたジェンダーという概念が登場し，普及することにより，女子大学に新たな意義が見いだされるようになる。一つの理由として，共学大学における女子学生の疎外状況という問題が浮上したことが大きい。当時，「教室の雰囲気——女性にとって冷ややかなものなのか」という論文が話題になったが，大学教員が男女学生に対して，異なった期待を抱いており，共学大学には，女子学生の学業やキャリアについてのアスピレーションは男子学生よりも重要でないと女性に思わせる雰囲気が存在しているという指摘がされるようになった。具体的には，専攻分野での男女比，教授スタイルや討論の場での力関係など，女子学生が自由に能力を発揮できにくい状況が共学大学や特

に男子学生が多い領域では顕著であるという指摘が数多くの研究者によって明らかになったのである。

一方で，各界で優れた業績を残した女性の比率は女子大学卒業生が共学大学卒業生の2倍という研究が発表されて以来，女性アチーバー研究が隆盛するようになる。

また，女子大学においては学長の大半が女性であり，またテニュア（終身在職権）を持つ教員の過半数，理事会メンバーにも多くの女性が入っているということから，女子大学の教員は女子学生への役割モデルを提供しているという好意的な見方が広まっていった。これらは先ほどの3つの名門女子大学が女子大学として存続することを決定した議論にも反映されている。

実際に，多くの女子大学が具体的な教育目標として掲げている内容は，女性の必要に適合した支援的雰囲気を準備する，指導的役割を果たすよう女性を激励する，自信や独立心，自尊心を女性の学生に発達させること，女性の新たな役割に向けての準備，ステレオタイプと闘うこと，機会を平等化すること等であり，こうした目標にはもはや伝統的な女性像を追い求めるということではない，新たな女子大学像が反映されている。

さて，近年のアメリカの高等教育における女性の教育達成率は急速に伸長している。有名大学に対する男女共学化の要求が1960年代になって盛んになったことからもわかるように，20世紀初頭までは高等教育はほとんどが男性のためのものであった。したがって，高等教育卒業資格を必要とする職業（医学，工学，法律，神学）は男性に限られていた。しかし，2000年前後になると，2年制，4年制大学の過半数はすでに女子学生が占めるようになった。また，博士号取得者の40％は女性という報告もある。高等教育の領域面でも，女性の進出は顕著である。例えば，1999年におけるイェール大学・メディカルスクールの1年次生クラスにおける女性の比率は40％に到達していた。全米のいずれの教育学大学院においても，女性数が男性数を上回っているという報告もある。

こうした女性の高等教育における急激な伸長を見ると，今やアメリカにおける政策課題としての女子教育は学士課程段階から大学院へとその場を移し

ているともいえるかもしれない。

マウント・ホリヨーク大学　http://www.mtholyoke.edu/cic/about/facts.shtml

女性は家庭という領域の枠内で活動していくことを目標に，高度なカリキュラムと宗教的な福音主義にもとづく教育を提供したセミナリーとして出発したのがマウント・ホリヨーク大学である。伝統あるセブン・シスターズの一つでもあるマウント・ホリヨーク大学は，女子大学のモデルになったことで有名である。現在でも，アメリカの女子大学の多くは，リベラルアーツを大学のミッションとして掲げているが，マウント・ホリヨーク大学の教育の基本もリベラルアーツ教育である。社会面，経済面，政治面，そして環境という側面で，複雑および多くの課題に直面する21世紀において，リベラル

http://www.mtholyoke.edu/cic/about/facts.shtml

アーツ教育を通じて，近代の理解と問い直しの姿勢を身につけること，複数の視座から物事を見る目を養うことを目標に，リベラルアーツ教育を充実している。こうした目標を実現するためのリベラルアーツ教育では，クリティカルシンキング，文章作成スキル，プレゼンテーション能力等の醸成，そしてリーダーシップの育成に主眼を置いている。インターンシップ，スタディ・アブロード，コミュニティでのサービス・ラーニングや自由研究等が，具体的な方法として活発に実践されている。

共学出身者と比較して女子大学出身者の活躍ぶりが際立っていることが指摘されていると先述したが，マウント・ホリヨーク大学でも，こうした活躍している卒業生を役割モデルとして，リーダーシップの育成を狙った教育プログラムが提供されている。同大学では，理系の分野に進む女子学生への動機づけも特徴といえるだろう。事実，科学の分野を学ぶ女子学生も多く，大学卒業後に研究大学の理系の大学院に進学する学生も多い。理系・文系にかかわらず，大学卒業後に直接大学院に進学する学生は25％という高い比率を誇っている。

ウェズリー大学　http://www.wellesley.edu/

ウェズリー大学の使命は，マウント・ホリヨーク大学と同様に，リベラルアーツ教育を通じて何かを達成する優れた女性を育成することに置かれている。少人数教育の実現，ファカルティからの丁寧な指導，ロースクールやメディカルスクール進学を目指す学生への早期からの進路指導，スタディ・アブロード・プログラムの充実など微細で丁寧な教育が提供されている。とりわけ，ウェズリー大学においては，理科系（サイエンス）プログラムの充実が特徴ともいえる。通常では，サイエンス研究センターは大学院レベルでしか設置されていないが，ウェズリー大学では，学部段階から科学分野の研究センターが機能しており，初年次学生からファカルティとともに理系の研究に携わることが可能となっている。教授と共著で論文を発表することが認められ，学会で口頭発表をする機会にも恵まれており，ファカルティも学生の研究の後押しをすることにも熱心というように，教育環境が整備されている。

http://www.wellesley.edu/

　その成果として，化学や生物化学専攻の学生の34%が卒業後直接大学院やメディカルスクールに進学し，こうした数値は男性を含めた全米平均をはるかに上回っている。

　女子大学で女性学プログラムが充実しているように，ウェズリー大学においても女性センターが設置されており，ここでは，女性学に限らず，男性を含めたジェンダー関連プログラムが提供されている。女性学プログラムが女子大学の専売特許であった時代もあったが，今では，女性だけを対象とするのではなく，ジェンダーの視点から事象を見るアプローチが女性センターでも一般的になっている。学生はジェンダーという視点により，既存の社会制度，概念，通常の日常生活を従来の主流とは異なる枠組みで捉え，かつ批判的に検討することが求められる。同時に，女子学生においても，現存する男女差別の問題を解決するためにも，本当の意味での自立，責任を負うということをどれだけ真剣に捉え，実践していくか，そうした姿勢を養成することもジェンダーという視点から物事を見るリベラルアーツ教育の目的でもある。その点から見ると，ウェズリー大学は，フェミニズム運動をきっかけに誕生

した女性センターでのプログラムが，ジェンダーという視点をベースに事象を検討するという方向性を明確にしていると捉えられ，日本の女子大に設置されている女性センターや女性学プログラムにとっても，示唆になる部分が大きい。

おわりに

アメリカにおいては，フェミニスト・ペタゴジーという言葉に代表されるように，女性学やジェンダー学は従来の白人男性，ヨーロッパ中心の文化に根ざしたパラダイムを見直す一つのコンセプトとして捉えられるようになっている。ジェンダーの視点とは，多文化主義を取り入れた21世紀型の知の再構築の一類型ともいえる。マウント・ホリヨーク大学やウェズリー大学のリベラルアーツ教育カリキュラムが例示するように，アメリカの女子大学の特徴は，複数の視座から物事を見る目によって近代の問い直しを4年間にわたって学ぶリベラルアーツ教育であるとまとめられる。言い換えれば，学際性，ジェンダー，多文化という視点を学生の学びの基盤に据え，知的な活動を通しての共同体の形成を実現し，女子大学としてのアイデンティティを確立することを模索し続けているといえるだろう。

女性の解放運動すなわちフェミニズム運動の先人たちが努力して勝ち取ってきた平等という権利，ジェンダーと教育という視点から見た女子大学の再評価は，高校生に代表される若い女性たちにとってはそれほどの価値を持たず，単に興味がないということから，共学を選択するという傾向は，アメリカだけでなく昨今の日本においても同様であろう。

しかし，マウント・ホリヨーク大学，ウェズリー大学，スミスカレッジが女子大学としての存続という結論を導くのに果たした在校生や同窓生の真剣な議論のやりとりの記録を見れば，いかに現在の女子学生が当たり前の権利として受け止めていることが，先人たちの努力の上に築かれてきているかを思い起こさせてくれる。

6 経済危機とアメリカのビジネススクール
――普遍的な教育プログラムの強み

　ビジネススクールの数が多く，社会に広く普及している場所は，世界でもアメリカ以外には見当たらない。ビジネススクールは俗称であって，スクール・オブ・ビジネス・アンド・マネジメントが正式名称として使用されている場合が多い。近年，ビジネススクールの卒業生，すなわち MBA ホルダーが卒業後すぐに高給で雇用され，早くから就職した企業の幹部として登用されること，あるいは MBA ホルダーの給与は多くの他のプロフェッショナル・スクールの卒業生と比べても破格に高いということなどが喧伝されたためか，ビジネススクールの人気が高まってきた。

　しかし，2008 年のリーマンショックから続いて，世界規模で拡大した 100 年に一度の大不況に直面している現在，ビジネススクールの卒業生やビジネススクールを卒業する予定の学生たちにとっても，就職先の倒産やリストラ，および就職口を確保することは厳しい状況になっている。

　本章では，2008 年の経済危機以降，アメリカにおけるビジネススクールをめぐる状況と経済危機からもたらされた大不況がビジネススクールに及ぼす影響を検討し，次に，ビジネススクールの現在のランキングやその教育の特徴について見ていく。

2008 年経済危機とビジネススクール

　金融危機以降，2012 年に入って，ビジネススクールの MBA ホルダーたちも好景気時代と比較すると良い条件での仕事を見つけることは難しく，かつリーマンブラザーズのトップであったリチャード・フルドがニューヨーク大学のステム・ビジネススクールの卒業生であることやメリルリンチのスタン・オニールがハーバード・ビジネススクールで学んだということもあるせ

いか，経済危機を招いた金融関係者とビジネススクールを関連づけてその責任を問う声がしばしば聞かれる。金融関係者のトップの多くが必ずしもビジネススクールの出身者ではないことも事実である。にもかかわらず，やはりMBAホルダーたちに対して経済危機を招いた責任があるという批判も強く，彼らへの風当たりも強くなっている。そうした状況を反映して，現在，アメリカのビジネススクールのマネジメント教育を中心に，ビジネススクールの教育が経済危機の要因に関連しているかどうかの論争が盛んである。例えば，『ハーバードビジネスレビュー』がオンライン上で行った調査によると，回答者の約3分の2が「ビジネススクールは部分的にでもビジネススクール出身者の倫理面に責任を負っている」と答えている。2002年のエンロン事件の際にもビジネススクールは同様の批判を受けたことの反省として，多くのビジネススクールはカリキュラム改革に乗り出し，特にビジネス倫理に関する授業を充実させてきた。しかし，倫理教育の充実だけでは当然限界がある。なぜなら，ビジネススクールでは，「自由市場がすべて，すなわち市場の動きにゆだねる」という考え方が教育の核に置かれており，それゆえ，ビジネススクール出身者もその考え方を拠り所として企業経営に専念してきたからである。

　また，ビジネススクールのランキングの存在も今日の問題を考えていく上で見逃せない。つまり，『ビジネスウィーク』などの雑誌によるランキングがビジネススクールの人気に大きく反映されるため，ビジネススクールを志望する学生が消費者として機能し，ビジネススクール自体が消費者によって選択されるビジネスになるという構図が近年生まれてきた。そのために，ビジネススクールのなかには，大企業幹部の意思決定が一企業を越えて，経済全体に影響を及ぼすことを教えるよりも，高給が保証されている業界に学生を就職させることを優先するようになってきた。本来学生は消費者ではないにもかかわらず，こうした市場至上主義の風潮が大手を振ってきたことを反省する声も多い。ビジネススクールは企業の在り方に批判的になるべきで，それを教えることが教育であるという声も聞かれるようになってきた。

　さて，2005年以来，ビジネススクールの志願者数は上昇を続け，2007年

から2008年にかけては最高の志願者数を記録したという。しかし，今回の経済危機によって志願者数は急落すると予想されている。志願者の予測になるのがGMATと呼ばれるビジネススクールの標準共通試験の受験者数である。2008年度には5万8261人が受験し，この数は2007年と比べると5%上昇した。しかし，2009年は経済不況の影響もあり，志願者は大幅に減るのではないかという予測もある一方で，不況だからこそ質の高いマネジメント教育を受けて，その効果が期待できるMBAホルダーを採用するという見方もある。そうした現状を紹介してみよう。

2008年11月に実施されたビジネススクール入学審議会(GMAC)の調査によると企業の59%が「2009年に一定数の新卒MBAホルダーを雇用する予定」と答えた一方で，「25%が雇用する予定はない」と回答した。2007年に17%が「雇用する予定はない」と回答したことと比べると大幅な落ち込みを示している。

それでは，給与という側面に目を向けてみよう。同調査は，「2009年度の新卒MBAホルダーの給与は2008年度水準と同等を維持するか，あるいは下がる」と予想しており，新卒MBAホルダーの給与が上昇を続けてきた従来とはかなり異なる結果を示している。特に，MBAホルダーたちの就職市場を占めてきたハイテク関連産業，金融，会計関連業界，そして製造業の半数近くが「2009年度は2008年度水準並みの給与を提示」と答えている。一方で，エネルギー関連産業，医療・健康関連産業およびNPO関係の半数近くが「MBAホルダーの給与を上げる」と答えている。2009年度の新卒MBAホルダーの給与は下がるという見方が全体の予測とまとめられるが，経済不況のため各企業の間での雇用の流動化が停滞していることが要因の一側面といえるだろう。

アメリカにおけるMBA教育の内容と不況下でのビジネススクールの教育改善の動向

アメリカのMBA教育の最終目標は，ゼネラリスト的な経営幹部の育成と，財務部門などのスペシャリストの育成の両方にあるといわれている。将来の

経営幹部としての教育訓練を受けている間に，学生が企業家精神を抱き，大企業よりもベンチャービジネスの経営者として出発した卒業生が多いのもビジネススクールの特徴だ。

アメリカでの最初のビジネススクールは，1880年に設立されたペンシルバニア大学ウォートン校であった。その当時のウォートン校の主な授業科目は経理，財務，マーケティングから成り立っていた。設立後のかなり早い段階から，ウォートン校ではマネジメント教育の目標を設定し，マネジメント教育を通じて問題解決テクニックを身につけさせること，そして評価の基準を徹底させること等に重点を置いてきた。

ビジネススクールの授業内容は，ロースクールや，エンジニアリング，メディカルスクールなどのように，教えなければならない知識，伝達しなければならない知識の量と範囲によってしばられていない。実践的な内容やプロフェッショナルのトレーニングの内容にも幅があって，柔軟性がある。ビジネススクールのカリキュラムは，各スクールの個性によって多様であるが，コアコースと呼ばれる必修科目はどこのビジネススクールでもそれほど差はない。この必修科目は組織論，研究方法論，財務，政策分析，経済分析，そして人的資源，情報システムなどが代表的なものとなる。

職業経験を持っていることを応募要件として掲げているビジネススクールも多く，学生集団の構成を見ても，学部から直接進学してきた者の比率はそれほど高くない。最近では，特に企業の中堅幹部やトップ幹部を対象としたマネジメント・プログラムを開設するスクールも増加している。不況に陥るまでの特徴としては，ビジネススクールの多くが，比較的若い学生を対象としたフルタイムMBAコースだけでなく，企業の中堅幹部を対象としたEMBA(Executive MBA)コースを充実させてきた。実際，こうしたコースを修了した中堅幹部が自社でより高い地位について，企業経営に携わったり，他社にヘッドハンティングされたり，あるいは起業する比率も高く，この10年でEMBA卒業生の数は急増してきたといえるだろう。ビジネススクールにとって，若年者を対象としたコースではインターンシップなどの授業も充実させる必要があるのに対し，EMBAクラスではインターンシップを組

み入れる必要度は低く，かつ多くの学生が実際の職場で働いていることから，ケース教材などのリソースも扱いやすく，ネットワーキングも活発にできるという利点がある。

　しかし，2008年以降の経済不況においては，企業がEMBAに自社の社員を派遣する可能性は低くなってきているため，新卒MBAを対象としたコースを充実させることが各ビジネススクールにとっても不況の影響を払拭するためにも必要になっているようだ。

　その鍵がやはりインターンシップであるといわれている。例えば，リクルーターは不況下においても一定数のMBAホルダーを採用するが，以前よりも慎重に採用プロセスに関わることになる。そうした際に，「過去に自社でインターンシップを経験し，その時の印象あるいはパフォーマンスも重要な採用の際の基準となる」とリクルーターたちは答えている。つまり，過去のインターンシップ時における働き具合や資質のデータが以前よりも慎重な採用プロセスにおいては安定した情報になるという考え方である。

　グローバルな展開を新たな活路あるいは戦略として立てているビジネススクールも多くなっている。経済危機以前になるが，2008年にレバノンで新首相に任命されたサアド・ハリリ氏がジョージタウン大学ビジネススクールに寄付したことが公表された。この寄付金はジョージタウン大学にあるビジネススクールの建物のリノベーションだけでなく，グローバルビジネス教育プログラムの強化にも使用された。アメリカのビジネススクールの多くが，ブランチ・キャンパスをアラブ諸国に設置して，グローバルビジネス教育に力を注いでいるが，ジョージタウン大学もそうした例の一つとして興味深い。世界的な経済不況がオイルマネーで豊かであったアラブ諸国にも当然影響を及ぼしていることは否定できないが，それでも国内から国外市場をターゲットとするグローバルな展開はアメリカのビジネススクールの新たな戦略として注目に値する。

ビジネススクールのランキングと将来

　次に，2008年度の全米のビジネススクールのランキングを『ビジネスウ

ィーク』と『World News & Report』の2誌を参考に見てみよう。両誌に，「ハーバード」「シカゴ」「ノースウェスタン」「ペンシルバニア」「ミシガン」「スタンフォード」「コロンビア」「UCバークレイ」「MIT」等々おなじみの名前が並んでいることが見て取れる。また，20位までのランクを見ると，個々の順位には違いがあるが，ランキングにリストアップされている名前自体については，それほど2つの雑誌間での差異がないことがわかる。また，年代別に見ても，各年度において多少の入れ替えが見られるものの，ランキングにアップされているビジネススクールの名前には安定性が見られる。このように，ランキングにはそれほどの変化がないことも特徴で，著名なビジネススクールの評判が安定性を示していることがわかる。

http://businessweek.com/interactive_reports/mba_domestic_2008/
http://grad-schools.usnews.rankingsandreviews.com/best-graduate-schools/top-business-schools/rankings

それでは，どのような側面がランキングにおいては重視されるのだろうか。

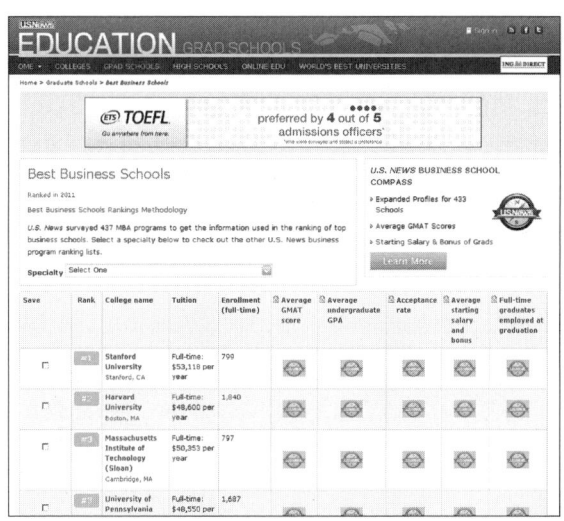

http://businessweek.com/interactive_reports/mba_domestic_2008/
http://grad-schools.usnews.rankingsandreviews.com/best-graduate-schools/top-business-schools/rankings

6 経済危機とアメリカのビジネススクール

ビジネスウィーク誌のランキングを構成している要素は12項目から成り立っている。それぞれは,「卒業生調査の結果」「企業調査の結果」「知的なリソース基盤」「学費」「就業度」「スクールのマネジメント」「教育内容」「キャリア」等の項目に加えて,「MBA取得以前の給与」と「MBA取得後の給与」といった項目があり,これら12項目に関して,順位づけ,比率に換算,レターグレード化し,最終的な総合評価結果が順位として示されている。この結果は,短期的に変化するというものではなく,長年にわたって作り上げられてきたブランド力やビジネススクールの総合力を反映しているため,ランキングの変遷を継続的に追った場合でも,それほど変わりはないわけだ。それゆえ,人気ビジネススクールに志願者が殺到することになる。
　それでは,最後に最近行われた調査からビジネススクール志願者が経済不況とビジネススクールの将来をどう見ているかを提示してみよう。

ビジネススクール志願者への調査

　2009年6月現在,GMAT試験登録者数は2008年度と横ばい状態である。これは前述したようにそれまで継続して受験者が増加してきた状況と比べると大きな変化といえるだろう。志願者の多くが,不況によって解雇されたためにより高度なスキルを身につけて,就職を可能にするためにビジネススクールを志願するのではないかという予測がされていたが,GMATを準備する学生向けのサービスを提供しているManhattan GMAT社によって実施された最近の調査によると,回答者6千人の82%がフルタイムで現在働いており,78%がその雇用は安定していると答えていることがわかった。Manhattan GMAT社のヤン氏は,「雇用状況の悪化からもたらされるリストラの心配や実際にリストラされ,将来のより良い就職に備えるためにビジネススクールに応募すると予想していたことと違って,志願者を取り巻く状況はそれほど悪くなく,志願者が非常に楽観的に現状をみていること,またMBAを取得することの効果や専門職の地位の安定性への楽観的な見方に驚いた」と語っている。また,本調査はGMAT受験者がMBA学位に何を期待しているかという興味深い結果も提示している。例えば,「回答者の56%

が金融やコンサルティングという伝統的なMBAホルダーの就職先とは異なった分野に就職先を見つけようと考えていること」,「29%のみが現在の職場から転職希望を示していること」,そして「19%のみが起業希望を示していること」などである。これらの回答からは堅実で安定志向の将来のMBAホルダーたちの姿が浮かんでくるようだ。しかし,将来のMBAホルダーたちは安定志向である一方で,「経済環境は遠からず良くなる」,「MBA取得時には良い給与が保障されていると思う」と答えるなど,MBA学位とそれを取り巻く環境にはかなり楽観的な見方を示している。こうした志願者のほとんどは上述したランキングに登場している著名ビジネススクールへの進学を希望しており,経済不況時においても,著名ビジネススクールの地位は,少なくとも志願者たちにとって変化はないようだ。この事実からは,経済不況時のアップダウンがあったとしても,長期的に見ればビジネススクールの効果は期待できるといえるかもしれない。

第 2 部
学生の成長を支援するプログラム

7 アメリカのカレッジ・スポーツとアスリートの支援

カレッジ・スポーツの由来

　高校野球のスーパースターであったハンカチ王子こと斉藤佑樹投手が早稲田大学に入学し野球部に入部したとき，六大学野球の観戦者が急激に増加したという。正月恒例のイベントである大学箱根駅伝を楽しみにしている人々も多く，駅伝の活躍によって大学の知名度が上がっている大学も決して少なくはない。筆者も毎年ラグビーの大学選手権を楽しみにしている視聴者のひとりである。最近では，こうしたスポーツを通じての宣伝効果を再認識してカレッジ・スポーツが大学の戦略の一つとして重要になってきているようだ。

　それではカレッジ・スポーツにはどのような意味があるのだろうか。野球，フットボール，ラグビー観戦等に集まる在学生，教員，そして OB や OG は多い。そうした観戦を通じて，愛校心を確認するあるいは帰属意識を醸成するという点から見ると，学生の自校教育の一環としても意義があるだけでなく，OB や OG からの大学への支援ということにもつながる可能性がある。少子・高齢化社会に直面している大学にとって，スポーツが強く，テレビの放映枠に入っているスポーツが強い場合には，宣伝効果も高いことから，経営戦略の一つとして評価されるようになってきているともいえるだろう。

　カレッジ・スポーツはもともとイギリスのオックスフォード大学とケンブリッジ大学の学寮同士の対抗戦から出発していることから，イギリスが発生の地である。しかし，イギリスでは現在もカレッジ・スポーツはアマチュアリズムを堅持していることが特徴となっている。

　アメリカの大学はこうしたイギリスの学寮対抗のカレッジ・スポーツを導入した初期においては，東部のアイビー・リーグを中心にカレッジ・スポーツが発展してきた。現在でもアイビー・リーグのアメリカン・フットボール

最終戦は伝統的にハーバード対イェールを指しており，それはThe Gameと呼ばれ特別な意味を持っている。現在ではカレッジ・スポーツは「ビッグ・テン」と呼ばれる名門大学スポーツリーグが存在する中西部や西部の大学が東部の大学を凌駕しているという状況であるようだが，いずれにしてもアメリカにおけるカレッジ・スポーツは大学対抗というだけではなく，地元の住民を巻き込んでの一大スポーツイベントとなっている。人気のあるチームのチケットは入手することが難しく，プレミアもつくぐらいである。

　アメリカでこのようにカレッジ・スポーツが盛況になった背景には，イギリスのアマチュアリズムの対極にあるプロフェッショナリズムや商業主義と結びついたことが要因である。ヨーロッパで発生した大学の使命や目標である知識の創造と伝達は，アメリカという国で高等教育がより大規模に拡大してきた過程においても受け継がれてきている。一方で，カレッジ・スポーツ対抗戦は必ずしも高等教育の使命や目標とは一致しないが，なぜアメリカの名門大学においても初期の頃からカレッジ・スポーツが重要視され，現在に引き継がれてきているのだろうか。ヨーロッパの大学，イギリスの大学が初期のアマチュアリズムを現在でも大事にしているのとは対照的に一大ビジネスになるまで隆盛しているのはどうしてなのだろうか。

　その答えは，イギリスに代表されるヨーロッパの大学が国立という形態で設置されたのに対し，アメリカでは個人や教会，州政府が設置母体であったことから，カレッジ・スポーツには当初から資金を調達するという位置づけがなされていたことに関連しており，この背景が現在まで続いているからでもある。

NCAAの設立

　アメリカでは大学のスポーツチームで構成されているリーグのことをカンファレンスという。そのカンファレンスを統括する組織が全米大学体育協会(National Collegiate Athletic Association, NCAA)である。おおかたのカンファレンスはこのNCAAに所属している。NCAAに所属している各カンファレンスは構成している大学の規模や各スポーツチームの強さによってさらに

ディヴィジョン(Division)1(一部)と2(二部)3(三部)に分かれている。一部に属している場合，その種目の人気が高いと全米でテレビ放送されることになり，選手も地元だけでなく他の州からも集まってくることになる。このようにスポーツは宣伝の媒体となる一方で，強いコーチを雇用すること，選手獲得に係る費用，あるいは選手のための様々な支援や設備の充実など経費もかさんでくるという側面もある。

　それではアメリカの大学スポーツの統括組織であるNCAAはどのような背景で設立されたのだろうか。カレッジ・スポーツはアメリカの大学では創成期にはフットボールから始まったといわれているが，20世紀初めの頃のフットボールの試合や競技は現在のようにルールが厳密に適用されているというわけではなく，負傷や死亡事故も起きていた。1905年に当時のルーズベルト大統領がカレッジ・スポーツ関係者に対して大学スポーツ改革を要請したことを受けて，1906年にIAAUS(Intercollegiate Athletic Association of the United States)が発足し，1910年にNCAAに名称が変更した。設立当初は競技ルールの策定などが主な活動であったが，1921年に陸上競技の大会を主催したことを契機として，その後多くのスポーツ大会を主催者として開催するようになる。1952年にミズーリ州カンザスシティにNCAAの本部が設置され，その後NCAA主催の試合に対してテレビでも放映されるようになった。このことが大きな収入につながる要因となる。また，中西部にNCAAの本部が置かれたことが，東部の大学から始まったカレッジ・スポーツが中西部地区において活況となる要因にもなった。

　加盟大学やスポーツチームが増加するにつれて，カンファレンスが細分化するようになり，1973年にはカンファレンスのもとに3部から成るディヴィジョンが設置された。NCAA公認のスポーツ奨学金をディビジョン1と2のカンファレンスに属する大学の有望選手に付与することができる。1982年までには女子リーグの運営も始動し，現在NCAAは23の競技で88もの大会を運営あるいは主催している。1200以上もの大学から4万人の学生が大会に参加しており，その規模が巨大であることがわかる。

　競技の規則の策定や管理，大会運営，テレビ放映権についての交渉，スポ

ーツ選手のための教育プログラムの提供や研究等様々な活動をNCAAは現在行っている。カレッジ・スポーツが単なる個別の大学の活動であったものを健全な秩序あるものにするようにガイドラインを示し，制度化したのはNCAAであるといえるだろう。

　NCAAの年間収入の95%近くがテレビ放映料やチャンピオンシップからもたらされる収入である。例えば，2006-7年の収入は5億6400万ドルであったが，そのうち95%はこうしたテレビ放映料からもたらされている。こうして得た収入を大会の運営サービスや専任の職員の給与として還元している。

http://www.ncaa.org/wps/portal/

学生アスリートへの支援

　それでは，個別の大学はどのようにカレッジ・スポーツを大学のなかで位置づけ，運営あるいは学生アスリートに対しての支援を行っているのだろうか。HPから見ていこう。

　東部アイビー・リーグの一つであるダートマス大学はカレッジ・スポーツも大変盛んな大学の一つである。この大学のHPにはダートマス大学のカレッジ・スポーツ専用のサイトであるBig Green Sportsというリンクが張られている。

http://www.dartmouthsports.com/

　ダートマス大学のスポーツチームはThe Big Greenと呼ばれ，NCAAのディヴィジョン1とアイビー・リーグに属している。強豪チームも多く，NCAAの決勝戦を戦うチームは，陸上競技，バスケットボール，クロスカントリー，サッカー，スキー，ゴルフ，ラクロスなどがある。大学当局も2000年以来，総額7千万ドルをかけてスポーツチームの支援や設備を整備してきている。大学の方針として学生アスリートはスポーツだけでなく学業も怠ることなく社会に輩出することに力点を置いていることから，学生アスリートへの様々な支援も充実させてきた。

　例えば，The CHAMPS/Life Skills programは学生アスリートの学業，ス

http://www.dartmouthsports.com/

ポーツそして社会人としての成長を支援するという大学の方針を反映したプログラムである。アカデミックサービスのなかの一つである学業のアドバイスは，アスリートのために学内のボランティア学生から家庭教師を選び，数学，物理学，外国語，化学，生物学，経済学，哲学，心理学などの科目についてアスリートがフリーで利用できるというサービスである。

　チームアドバイザー・プログラムは，スポーツ・チームが教授陣をアドバイザーとしてチームのメンバーにアドバイスやその他の精神的な支援を含めて受けるという機会を定期的に実施することを意味している。こうした教授陣からのアドバイスや支援は短期的な目標だけでなく長期的な目標を達成する上で有意義であると評価されている。

　このような支援プログラムに加えて，アスリートが直面するアルコールやドラッグの問題に対してのガイドラインや相談の支援についてもダートマス大学は積極的に行っている。

　次に紹介する南カリフォルニア大学(USC)のスポーツチームはトロージャンというニックネームでカリフォルニア州内だけでなく全国的に有名である。とりわけ，ロサンゼルス周辺の住民の多くは，UCLA のブルーインズ

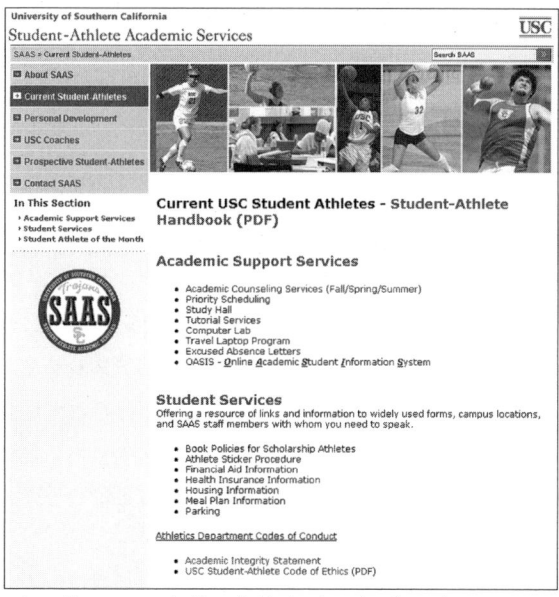

http://www.usc.edu/dept/athletics/saas/students/

　(Bluins)とUSCのトロージャンのバスケットボールやフットボールの試合が行われる日は贔屓チームのロゴの入ったトレーナを着て試合の応援に出かけるのを楽しみにしている。
　USCにおいてもダートマス大学のようにアスリートへの支援は充実している。学習アドバイスやチューターサービスに加えて，カウンセリングなどのサービスも提供されている。
　http://www.usc.edu/dept/athletics/saas/students/
　近年はアスリートにアルコールや喫煙への注意やドラッグへの高い倫理性が求められるようになってきていることから，最新の基準に関する情報を提供することも重要となっている。USCではアスリート用のハンドブックが作成され，全員に配布されている。
　http://www.usc.edu/dept/athletics/saas/private/documents/current_students

カレッジ・スポーツと地域コミュニティ

本章ではダートマス大学と南カリフォルニア大学におけるアスリートへの様々な支援の例を見てきたが，私立大学のみならず州立大学においてもアスリートへの支援は同じように制度化されている。そこには，スポーツ奨学金制度や紹介したようなアスリートが大学での学習の支援を受ける時間がアカデミックサポートの一部として制度化されている。

NCAAは競技のルールの基準を示すだけでなく，オフシーズンである学期にはチームとしての練習時間を最大限〇〇時間というように制限している場合もあり，コーチは大学の体育会の大学内の本部アスレティック・デパートメントに練習時間の記録を提出することが義務づけられている。こうした制限は大学のアスリートがアスリートである前に学生であるということが前提となっており，彼らや彼女たちへの教育機会や将来につながるような道を保障するという理念がそのベースにある。

一方で，カレッジ・スポーツが生み出す金銭上の利益は巨大でもあり大学にとっての宣伝効果も高いことから，アメリカのカレッジ・スポーツは商業化やプロ化という言葉で表されることも事実である。典型的な例は，フットボールやバスケットボールなどの強豪チームのヘッドコーチは高い報酬で全国からスカウトされるのが一般的であり，しばしば彼らの学長の報酬をはるかに上回る報酬がマスメディアで話題に上ったりもする。

そのため，優れたアスリートを全国から集めるためにも，大学はアスリートたちへの環境サービスを充実させることもおろそかにはできない。具体的には，トレーニングルーム，ウエイトルームなどの施設に加え，コーチ，アスレティック・トレーナー，スポーツドクター，スポーツ栄養学の専門家，スポーツカウンセラーなどが各スポーツチームに専任として抱えられていたり，あるいは大学に専門家が常駐していてアスリートが常時サービスを受けられるようになっているのが通常である。

アメリカのカレッジ・スポーツの商業化やプロ化はしばしばイギリスのアマチュアリズムと比較されて，批判されることも決して少なくはないが，地域コミュニティと大学という視点で見た場合，カレッジ・スポーツを通じて

の地域との交流が成功している国はアメリカ以外にはそれほど見当たらない。多くの人々がその地域コミュニティにある大学のフットボールやバスケットボールの試合の日にはチケットを購入して家族や職場の仲間と贔屓チームを応援しに出かける。そこには大学への帰属意識だけでなく，地域コミュニティの活性化という効果も伴っており，大学は決して象牙の塔ではなく，むしろ地域コミュニティにとっての大学というイメージで捉えられる。カレッジ・スポーツはスポーツを通じての地域の活性化という側面を伴っていることも忘れてはならない。

8 APプログラムとコンカレント・プログラム
——アメリカにおける多様な高大接続

APプログラムとは

　近年，少子化が進展する状況において，大学や短期大学にとっていかに学生を確保するかは最も優先すべき課題となっている。多くの大学，特に私立大学においては関係する高校の系列化を積極的に推進しているだけでなく，提携校，連携校の増加にも積極的である。日本における高校との連携は，オープンキャンパス，体験授業，高校出張授業などが代表的な例である。現在，高大接続テストの導入が議論されてはいるが制度としての確立は未定である。一方，アメリカの大学においても高大連携や接続は活発であるが，その方法がかなり日本の高大連携や接続とは異なっている。

　本章では，長い歴史を持ち，アメリカ国内のみならず現在では国境を越えて普及しつつあるAPプログラム(Advanced Placement Program)とエクステンションプログラムで主に実施されている高校生を対象としたコンカレント・プログラム(Concurrent Program)をアメリカ版高大接続という枠組みで検討してみよう。

　APプログラムとは，高校に在籍しながら大学レベルの授業を受講し，その授業を修了すれば大学レベルでの単位取得をできるプログラムを指し，非営利団体であるカレッジボードが運営し，TOEFLなどを実施しているETS(Educational Testing Service)が実施している。

　APプログラムを通じて取得した単位は大学入学後に卒業に要する単位として換算することも可能である。

　カレッジボードは1900年に設立された非営利の団体であるが，高校生等に大学に関連したプログラムやサービスを提供している。カレッジボードが提供しているテストサービスのなかでも大学への進学適性試験であるSAT http://www.collegeboard.com/student/testing/ap/about.html

(Scholastic Aptitude Tests)が最も知名度が高い。カレッジボードは毎年大学入学を目指して本テストを受ける生徒への登録サービスをはじめ,大学の情報提供サービスやマッチングサービスなども提供しており,こうしたサービスを受けている高校生やその保護者は毎年300万人以上にも上る。

　APプログラムは1952年に始まり,カレッジボードが提供するAPプログラムのサービスはアメリカ国内の高校および世界24カ国の高校で利用されている。

http://www.collegeboard.com/student/testing/ap/about.html

　現在,APプログラムで提供されている科目と試験は22の学習分野からの37科目の試験に上っている。カレッジボードは科目とその試験の提供というサービスだけでなく,AP科目を教えている教師への支援,APの成績に関するポリシーの制定について大学との調整機能も果たしている。高校に

在籍しながら，大学レベルの授業を履修し，その単位認定の試験に合格することで大学レベルの単位取得ができる制度が AP プログラムとまとめられる。

AP プログラムの効果

　モティベーションの高い高校生なら誰でもアクセスができるというこの制度を通じて，高校に通学せずにホームスクーリングを受けている若者も AP 科目の受講と試験を受けることができる。

　AP 科目を履修する高校生にとってのメリットとして，第一に早期から大学レベルの授業を履修することで早期から大学での学習レベルに慣れることができる，第二に作文技能を改善し，問題解決技能を修得することができる，第三に高次な大学の授業内容に挑戦することで大学での学習習慣が高校に在籍しながら修得することができるといった点が指摘されている。ここで AP プログラムへの参加がもたらす効果を学生と大学という側面からより詳細に検討してみる。

　大学への入学志願の段階において，生徒がアドミッション書類を提出し，アドミッション審査を受ける過程において，もしその生徒が AP プログラムを受講していたならば，大学での学習への準備が整っていると前向きに評価されることにつながる。次に，高校で学ぶ科目とは異なり，学識が深く，詳細な内容で構成されている科目を学習することができ，論理構成，分析するという大学での根幹となる学習の過程に関わることで，良いスタートを早期から切ることができるという効果がある。すなわち，高校生でありながら大学レベルの科目を受講し試験に合格することがその生徒が学習上で優れているという証明として機能することで，大学にとっては大学に適応する可能性の高い学生を入学予備軍として確保することにもなる。近年，連邦政府やアクレディテーション団体から従来以上にリテンション率や卒業率を上げることが厳しく求められている高等教育機関にとっては，費用対効果やリスク管理といった視点からも大学に適応する可能性の高い学生確保は不可欠であるといえよう。

　AP プログラムを受講しようと計画している高校生は，各高校に在籍して

いるAPプログラムを教える教員とAPコーディネータと連絡を取りながら，実際のAPプログラム受講計画を進める。APテストの結果については，APグレードと呼ばれる試験成績が3以上であれば大学での学習を十分に進めることができるとみなされている。

従来のエリートから受講者も多様化

次に，具体的な大学におけるAPプログラムの実際を検討してみる。スタンフォード大学ではAPに関する大学内の政策として，AP試験で高校生が取得した科目の単位を，領域ごとに10単位まで認定する方針のもとで，最大45単位まで認めている。しかし，スタンフォード大学はAP試験による単位を一般教育科目として認定する方針はとっていない。外国語についてはAPグレードが4もしくは5以上あれば大学での外国語科目の単位を履修したものとして換算している。学則上AP単位を卒業単位のなかの選択科目に相当する単位として認定するか，あるいは専門教育単位として学科が認めた場合には認定するなどかなり柔軟に取り扱っていることがスタンフォード大学の特徴である。

APプログラムは，本来優秀な生徒に早期から大学レベルの科目を履修させることで大学への適応を支援するいわばエリート教育の一類型であったが，最近では「APプログラムに参加を希望する生徒は誰でも挑戦できる」というように大学進学を希望する生徒は誰もがアクセスできるようなプログラムに変容してきている。さらには，従来はAPコースは高校の最終学年（4年生あるいは12年生）を対象にしていたが，現在では9, 10, 11年生（1, 2, 3年生）も参加するなど対象学年が拡大化する傾向にあり，事実高校低学年次生徒の履修率が全履修生徒の5割程度を占めている。

APプログラムを優秀学生のための大学への移行支援として位置づけるだけでなく，低所得の家庭の生徒あるいはマイノリティ生徒がAPプログラムに参加するように州全体で支援する政策を推進している州も実際に出現している。

例えば，オレゴン州はAPプログラムに参加することが，特に所得が比較

的低い家庭の高校生にとって，大学での良いスタートとなり，実りの多い学習の機会になるとみなし，APプログラム参加支援を推進している。オレゴン州の教育省は，オレゴン州の大学進学に関する生徒の格差問題を縮小する重要な装置としてAPプログラム支援を位置づけている。割引昼食券を受給している高校生はOregon Advanced Placement Test Fee Programに登録することで，無料でAP試験を受けることができる。また，在籍する生徒の40％以上に対して無料昼食券および割引昼食券が提供されている高校の生徒，管理職，教師およびカウンセラーを対象に教育訓練の機会を提供する3年間のプロジェクトであるAPIP（Advanced Placement Incentive Program）というプログラムが州の支援を受けて実施されている。APIPは，ブッシュ政権によって提出された連邦法案であるNo Child Left Behind Performanceに応えるためのプロジェクトである。具体的には，英語（国語），数学，科学，社会等の中心となる科目についてAP予備プログラムをオレゴン州の地方や貧困地域にある高校や中学を対象に提供することで，生徒の学力を向上させることを目的としている。AP予備科目やAP科目のカリキュラム構築および実際の授業のためにおおよそ1万ドルの助成金が25の地域を対象に配分されている。

　オレゴン州の例は，ブッシュ政権によって通過したNo Child Left Behind ACT（NCLB法案）への対処政策ではあるものの，従来からのエリートのためのAPプログラムという概念を打破するような事例であるといえよう。しかし，APプログラムの展開と普及には落とし穴があることも事実である。つまり，高大接続といった点から見れば，どこまでが高校（中等）教育であり，どこからが大学教育であるのかが不透明になる危険性を伴っている。動機付けの高い生徒はよりAPプログラムに挑戦するが，その年齢が年々低学年化することで，高校あるいは中等教育の意味が薄れてしまうかもしれない。スタンフォード大学のように単位認定に明らかに制限を課している大学もあれば，学生確保戦略としてAPプログラムを中核に位置づけている大学はより緩やかな単位認定政策を取っている。実際，高校，中等教育の空洞化といった新たな問題が浮上していることも否定できない。

コンカレント・プログラム制度の利用者

　次に，エクステンションと呼ばれる拡大授業プログラムを通じて大学の授業を履修できるシステムであるコンカレント・プログラムを紹介してみたい。コンカレント・プログラムは，大学が提供している科目履修の前提条件を満たしていれば，誰もがエクステンションを通じて履修することができ，履修し終えた際に，単位を取得することができるシステムである。一般の社会人，他の大学の学生，正規留学が認定されていない外国人学生，そして高校生などあらゆる人々がこのコンカレント・プログラムを通じて大学の授業を履修することが可能である。ただし，コンカレント・プログラムは大学によって運用面が多様であり，高校生がコンカレント・プログラムを通じて大学の授業を履修した場合の取り扱いも，大学進学の際の取り扱いも多様である。

　カリフォルニア大学においては，州立大学という性格からより公共性が高い高等教育機関であるという認識から，カリフォルニア大学システムに属する多くの大学がコンカレント・プログラムを導入している。例えば，秋学期と春学期の授業にコンカレント・プログラム登録ができるように設定しているカリフォルニア大学バークレー校では，コンカレント・プログラムを通して履修した授業はバークレー校のエクステンションの成績書にBerkeley-equivalent (XB) course workとして掲載され，GPA (Grade Point Average)評価もなされている。コンカレント・プログラムを通して登録する学生はmatriculated学生と呼称され，正規学生としての入学手続きをする必要はなく，正規学生が登録した後にスペースに余裕があればエクステンションを通じて履修ができるように取り決められている。コンカレント・プログラムを通じて大学の授業を履修している期間は，学生は正規学生と同様に大学の図書館や食堂，その他の施設を利用することができる。高校生もコンカレント・プログラムを通じて大学の授業を履修することは可能であるが，バークレー校ではそれほど高校生のコンカレント・プログラムを通じての履修を積極的に奨励しているというわけではない。カリフォルニア州の高校生にとっては，AP科目を高校に在籍しながら履修する方が一般的であり，コンカレント・プログラムを通じての大学の授業の履修は高大接続というよりは，一

般の社会人や正規に留学が認められていない語学留学生やこれから正規留学を目指している外国人学生が利用している制度とみなすことができる。

高大接続に活用する例も

　一方，コンカレント・プログラムを積極的な高大接続プログラムと位置づけて，高校生にコンカレント・プログラムに参加することを奨励している大学も少なくない。例えば，コロラド大学ボールダー校ではコンカレント・プログラムを通じての高校生の大学の授業の履修を積極的に受け止めており，そこで履修した単位は高校の卒業単位としても認定されるようになっている。

　テキサス州サンタフェに位置するメインランド・カレッジもコンカレント・プログラムに積極的に参加することを高校生に奨励し，実際に運用している高等教育機関の一つである。メインランド・カレッジは学生数がおおよそ4100人を超える準学士プログラムに在籍している学生と4000人の科目履修生が通う比較的規模の大きなコミュニティ・カレッジであるが，高校3年生(11年生)および最終学年生徒に2重単位取得型(Dual Credit)コンカレント・プログラムへの参加を積極的に呼び掛けている。この2重単位取得型コンカレント・プログラムは，高校に在籍しながら早期に大学での学位取得を同時に目指すことができるように設計されており，高校3年時から本プログラムに参加した場合には，卒業までに最大限30単位の大学の単位の取得が可能である。2重単位取得科目によっては高校でメインランド・カレッジの科目を受講するか，高校の授業が終了してから夕方メインランド・カレッジに通い授業を履修するか，あるいは週末に通い授業を履修するかについては生徒の都合によって選択できる。

　この2重単位取得科目は高校生にとってどのようなメリットがあるのだろうか。高校生でありながら大学生として大学の図書館などの施設を利用することが可能であること，あるいはキャリアサービスも利用できるなど将来設計を早期から考えることなどがメリットとして挙げられているが，最も大きなメリットの一つは，通常の大学の科目を履修するよりも，このプログラムを通じて大学の科目を履修する方がはるかに低価格で済み，奨学金など金銭

補助の対象にもなっている点である。さらに，大学レベルの科目の単位取得は，大学での学習生活へのスムーズなスタートにつながり，実際に大学に進学した場合には，自信を持って大学生活を送ることができることも大きなメリットである。

　APプログラムとの差異に関しては，AP科目を履修した場合には，AP科目試験に合格しなければ大学での単位を取得できないのに対し，2重単位取得型コンカレント・プログラムにおいては，科目を修了し単位を取得できれば，直ちに大学でも通用する単位としてその単位が認定されるということが大きな違いである。また，AP科目を教えている教師は大学の教員ではないが，2重単位取得型コンカレント・プログラムの科目を担当している教師は実際の大学の教員であるということも大きな差異であるといえるだろう。本プログラムに参加するための基礎資格としては，高校3年(11年)あるいは最終学年生徒であること，少なくともGPAの平均がBレベルであること，TAAS(Texas Assessment of Academic Skills)と呼ばれるテキサス州が開発した標準試験の全領域に合格していること，メインランド・カレッジの規定を満たしていること，参加前にメインランド・カレッジが実施しているプレースメントテストを受験すること等であるが，挑戦しようとしている生徒にとってはそれほどハードルが高いというわけではなく，挑戦する意欲のある生徒は誰でも参加できるというプログラムである。

　このように，近年アメリカでは従来から存在していた高大接続プログラムをより拡大あるいは普及させてきている。これは，早期から優秀な学生を入学させるための戦略であると同時に，コストをかけずにマイノリティなど高等教育の進学機会の少ない生徒に新たなヘッド・スタートプログラムを浸透させているといえる。しかし，一方でAPプログラムやコンカレント・プログラムに参加する高校生が増加することにより，中等教育の空洞化といった問題も浮上してきており，中等教育の真価が問われる事態にもなりつつある。

9 アメリカにおける教員免許資格と大学での教員養成プログラム——地方分権における教員養成の特色

はじめに

　最近，日本では教員資格を取得する上で必要とされる単位や内容に関してより厳格な基準が適用されるようになってきている。また，優れた教員を育成するという目的で教職大学院が設置されている。こうした教員資格の厳格化の背景として，教員として児童や生徒に接する上で不適格な教員の増加や多様な背景を持つ児童や生徒が増加するなかで，従来とは異なる教授法やマネジメント能力を持った教員を育成することが必要になってきていることが大きい。しかし，日本においては，教員を志望する学生は多く，かつ教員は安定している職業であるという認識のもと，人気職種であることは間違いがない。ではアメリカではどうだろうか。カリフォルニア州を中心にアメリカにおける教員免許制度と大学での養成プログラムを紹介してみよう。

　日本とアメリカにおける教員をめぐる状況には共通点と差異が同時に存在していることを理解しておかねばならない。つまり，どちらの国においても優秀な教員の需要が常に高いことと教員の再研修が義務づけられていることが共通点として挙げられる一方で，アメリカでは州ごとに免許についての基準が制度化されているのに対し，日本では国ベースで制度化されているという教員免許制度についての差異がある。また，アメリカは州によっては，学士課程レベルでは教員資格を取得できない，あるいは研修制度が長期化しているなど，かなりの厳しい規制がかけられていることも大きな違いである。アメリカでは基本的に教員資格についての規制が厳しい一方で，都市部の学校では5年以内に離職する教員が多いと指摘されるように，教員の離職率がおおむね高く，決して教職は人気職種ではない。次に，カリフォルニア州とテキサス州の教員免許制度について概要を示してみる。

カリフォルニア州の教員免許制度の概要

http://www.ctc.ca.gov/

　アメリカの教員免許制度では，教員免許は通常，終身免許ではなく，上進制・更新制を基本としている。教員免許を最初に取得する場合，それはあくまでも「予備免許状」という位置づけになる。日本のように学校教育法や教育職員免許法などの国が制定した法律によって教職が規制されているということはない。しかし，各州の制定した法律によって教員免許に関する様々な要件が整えられている。

　カリフォルニア州において教員になるには最初に「予備免許状」を取得することが義務づけられている。カリフォルニア州以外の47州でもこのような「予備免許状」の制度を運用しており，「予備免許状」の期限は2年あるいは5年で有効性が失効するために，有効性を維持するためには，「更新」する，換言すれば正式の教員資格を取得することが必要となる。

　カリフォルニア州での教員資格には，初等教育，中等教育，複数教科の教員，単科専門の教員，特殊教育，職業教育等に代表される多様なレベルや分野がある。それぞれによって必須とされている要件は異なっているが，いずれの分野やレベルにしても共通要件は，①学士以上の学位を習得していること，②教員養成プログラムを修了し，基本的な技能を習得していることであ

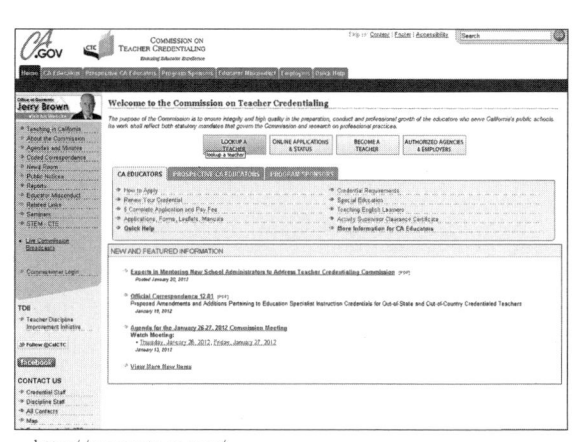

http://www.ctc.ca.gov/

る。

　カリフォルニア州の初等学校教員になる過程において、「予備免許状」を取得するための前提は、地域基準協会で認可されている4年制大学を卒業し、学士号を取得していることである。カリフォルニア州においては、「科学」と「数学」という教科に関しては、学士段階で教職の「予備免許状」を取得することが可能となっているが、それ以外の教科および初等教育の総合教科等の教員になるには、学士段階で「予備免許状」を取得することは認められていない。学士号を取得した上で、「予備免許状」を取得するために、大学院が提供するCredential プログラムで学ぶか、2年間の大学院修士課程プログラムで学び、予備免許状の取得に加えて、修士学位(M.Ed.)を取得することが通常の方法となっている。

　次に、カリフォルニア州で正式に認可された4年制大学での学士号取得後、「予備免許状」を取得するために、大学院の教員養成プログラムで学ぶという段階を経て、「予備免許状」を具体的に取得するには、①基礎技能要件を充足すること、②総合教科教員養成プログラムと教育実習を修了し、養成プログラムを提供している大学からの推薦状を取得すること、③カリフォルニア州が教員志望者に受験を義務づけている教科試験CBEST(California Basic Educational Skills Test)に合格すること、④英語開発技能科目を修了すること、⑤合衆国憲法の科目を修了するかもしくは試験に合格すること、⑥コンピュータ基礎科目を修得することが求められる。さらに、総合教科科目の「予備免許状」を取得する場合には、RICA (Reading Instruction Competence Assessment)と呼ばれる「読み方指導能力試験」に合格することが不可欠となっている。

　カリフォルニア州における「予備免許状」は、通常2年間有効であり、特別な教育上の課題をこなした場合には延長される場合もありうる。最初の更新に際しては、「合衆国憲法」試験、「読み方指導」試験、「教科」試験に合格しなければならない。次の2年間に、州教育局が認可している学区教育委員会、大学、あるいは私立学校等で提供されている初任者研修プログラムのなかで、「健康教育」「特別支援教育」「コンピュータ教育」のプログラムを

修了することが求められる。こうした要件を満たした場合には正規資格(Clear Credential)を取得することになる。2004年8月30日以前に予備免許状を取得した者は，カリフォルニア州の大学で州当局によって認可され，提供されている5年次教育(Fifth year of Education)を修了することで，正規資格を取得することも可能であるが先述した方法で正規資格を取得するのが一般的である。

　正規の教員免許状についても，終身免許状制度が導入されている一部の州を除けば，多くの州では一定期間ごとの更新義務を課しているのがアメリカの教員免許状の特徴である。更新においては，大学や大学院での単位取得のほか，教職経験や州・学区の提供する研修機会への参加等が一般的な要件となっている。カリフォルニア州においては，正規資格として「教員免許状」を取得した後も，5年ごとに更新をすることが義務づけられている。

テキサス州の教員免許資格制度

　テキサス州で初任者としての教員免許を取得するためには，カリフォルニア州と同様に認可されている大学を卒業し，学士学位を取得していることが前提となっている。テキサス州の教育機関は教職に関する学位プログラムを提供していないことから，教師を目指す者は，特定の専門分野における学位を持ち，そして大学や，学校区，コミュニティ・カレッジやその他の地域の教育サービス機関を通じて提供されている教員養成プログラムを修了しなければならない。教員養成プログラムを修了し，テキサス州の分野別あるいはレベル別の教員資格テストを受けて合格することが初任者としての教員になるための要件である。その後はカリフォルニア州同様に予備免許状が発行され，その後一定期間の職務経験や上級学位・必要単位数の取得を要件として，正規教員免許状が発行されることになる。大学や大学院での単位取得のほか，教職経験や州・学区の提供する研修機会への参加等を一定期間ごとの更新義務として課されているのはカリフォルニア州と同様である。カリフォルニア州やテキサス州を一例として挙げたが，アメリカにおける教員免許更新制度の仕組みは各州によって異なるものの，一般的には，大学卒業資格が基礎要

件であり，その後大学院等での教員養成プログラムを経て，「予備免許状」を取得し，さらに一定期間の職務経験や上級学位・必要単位数の取得を満たした後に，「正規教員免許状」を取得することが共通点であるといえるだろう。

次にカリフォルニア州の大学院レベルで提供されている教員養成プログラムを紹介してみよう。

UCLAの教員養成プログラム

http://centerx.gseis.ucla.edu/TEP/index.php

カリフォルニア大学ロサンゼルス校（UCLA）の教員養成プログラムは，「予備免許状」という資格取得と修士号取得を組み合わせた2年間のプログラムである。本プログラムの特徴は，都市部にある学校区の教員を養成するという明確なミッションにもとづいている。すなわち，低所得者層，かつ人種・民族的少数派の子供や生徒の多い都市部の学校における「社会公正」を実現するためのプログラムであるということが大きな特徴となっている。したがって，「優れた事前研修教育を提供し，カリフォルニアの人種・民族的，

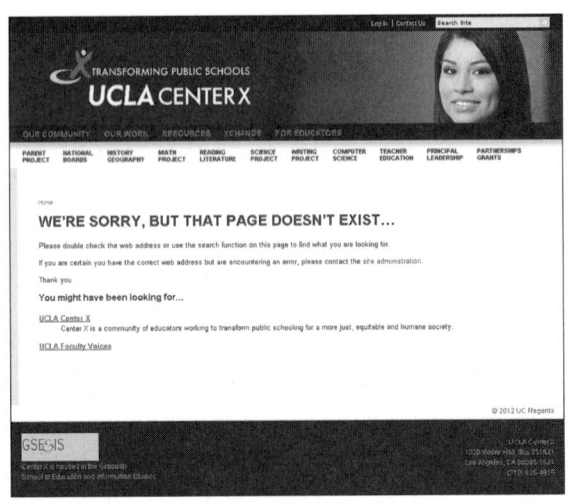

http://centerx.gseis.ucla.edu/TEP/index.php

文化的，言語的に多様な背景をもつ子どもたちが通学する都市部の学校教育を改善するような優れた教育を提供できる教員を養成する」ことがプログラムの使命として掲げられている。すなわち，UCLA の教員プログラムは，低所得者層の多い都市部の学校におけるマイノリティの子供たちがそうした現実にある格差を認識しながらも，それを乗り越え，学校教育を通じて向上していくことを手助けするという社会公正という認識にもとづきながら行動する教員を養成することが最大の目的となっている。

　こうした教員を養成するための，方法面での特徴としては，「協働」というキーワードが提示しているように，様々な場面において協働が取り入れられていることである。例えば，入学時から修了時まで同じグループごとにチームワークを組みながら学ぶこと，学校区とのパートナーシップによりプロジェクトを推進することなどが代表的な「協働」の実際である。したがって，授業内で求められる課題は通常は形成されたチームによって提出する。また，それぞれのチームには教員アドバイザーがついており，プログラム修了までの間，アドバイザーとしてチームの学習相談，実習相談，その他様々な相談にあたっている。詳細は後述する。

　「社会公正」という使命を持つ UCLA の教員養成プログラムの成果としては，1995 年にこの使命が明確化されて以来，都市部の学校に 1000 人以上もの新規教員を提供してきている。全国的なデータでは新規教員のうちでは 6% 以下のみが都市部の学校で雇用されたいという希望を持っているにすぎないが，UCLA の教員養成プログラムの修了者の大多数が都市部の学校の教員として勤務する。

　50% 以上もの新規教員が都市部の学校を 3 年から 5 年の間に退職するという全国的なデータと比較すると 80% 以上もの卒業生が 5 年後にも都市部の学校で勤務し続けていることは，本プログラムの目標としている「社会公正」という使命は教員養成プログラムの学生や修了者に広く認識され，実質化されていることを示しているといえるだろう。

教員養成プログラムの詳細

　教員養成プログラムは2年間にわたって，極めて体系的にカリキュラムが構築されており，1年目はNovice Year（ノバイス・イヤー）と呼ばれ，130名が入学し，12-14名がコーホートと呼ばれるチームを形成し，同じ授業を履修する。様々な協働プロジェクトに参加する際にもこのコーホートが基本の単位となっている。一人のファカルティ・アドバイザーがコーホートごとに学習相談や実習相談などを実施する。必修科目が基本となる体系的に構築された授業を履修することが2年間のプログラムの必須であるが，そうした授業の履修に加えて

- 教育実習に先立ってCSET（California Subject Examinations for Teachers）試験とCBEST試験と呼ばれる教科試験に合格すること
- 参与観察と教育実習というフィールドワークを完結させること
- 2008年に州の教育委員会で2009年からの導入が決定されたパフォーマンスにもとづいた評価システムであるPACT（Performance Assessment for California Teacher Teaching Event に合格すること
- 初等教育の教員志望者は，RICA（Reading Instruction Competence Assessment）と呼ばれる読み方指導能力試験に合格すること

等の条件をクリアしなければならない。

　教育実習は，すべてUCLAのプログラムとパートナーシップを結んでいる学校において行われる。実習先での教員とUCLAの教員との討議にもとづいて学生に要件が課せられる。教員養成プログラムの2年目はレジデント年と呼ばれているが，2年目の学生は，予備免許状を取得し，実際に給与を払ってもらう初任者の教員として授業を受け持ち，同時にUCLAの教員養成プログラムで修士学位（M. Ed.）の修得を目指している。正式な教員として現場で教える前に，2年目の学生は，「教員予備免許状」を取得することが条件となっている。給与をもらいながら教えるが，まだ予備免許状も取得できないことから，専門職としての教員になるための準備期間が長いといえるだろう。

「No Child Left Behind」法案と教員養成プログラム

　州による「予備免許状」取得までの要件が規制されていることが、プログラム自体の方向性を決定している側面もある。とりわけ、ブッシュ政権時代に法制化された「No Child Left Behind」法案により、児童の学力を向上させることが教員の使命と認識されるようになってきていること、また初等・中等教育においても、毎年、「読み方」「算数・数学」「科学」のテストが義務づけられていることなども、児童・生徒の学力向上に取り組むことが教員に強く期待されていることを示している。UCLAの教員養成プログラムの特徴は、他の州立大学や私立大学における教員養成プログラムとは異なり、都市部の公立学校、すなわち、人種・民族少数派の多い低所得者層が多い公立学校の教師を育成するという目標が「社会公正」というキーワードで示されているように、設定されていることが特徴でもある。英語を母国語としない児童・生徒の多い都市部の教師は、現状では高い離職率を示しているが、そのなかでもUCLAの教員養成プログラム修了者の教師の離職率は低いことが高く評価されている。それだけに、周辺の学校区からのUCLAの教員養成プログラムへの期待は高く、学校区との協働も円滑に行われているといえるだろう。しかし、州による規制がかなり強く、予備免許状の取得、さらには正規資格を取得するまでの道のりは長く、かなりの学習だけでなく、教育実習、さらにはレジデントとしての現場経験をこなしていかねばならない。また、教員養成プログラムで学ぶ学生の大多数は学士課程を修了して間もない若年学生である。実質的には、教師の離職率も高いことから、カリフォルニア州、特に都市部においては教師不足が常に問題として浮上しており、教師不足を解消するためにも、他の職種を経験した社会人学生を教師として養成することも必要になってきている。全般的にカリフォルニア州における教員の需要は高く、特に都市部における優秀な教員不足は深刻な問題となっているという。それだけに、UCLAのように都市部の学校の教員を養成することへの学校区からの期待は高い。

おわりに

「No Child Left Behind」法案に象徴されているように，現在アメリカでは児童や生徒の学力向上が大きな課題であることから，優秀な教員を多数育成することが全米のいずれの州においても命題となっている。したがって，より優秀な教員を確保するために，学校区によっては高い給与を提示して，より良い条件を提示するなど努力を重ねている。しかし，アメリカでは教員志望者数はそれほど多くなく，また離職率も高い。公立学校の教員が日本のように安定した職業として人気が高いというわけでもない。しかし，教員になるための長い期間を通しての訓練には，多様な背景を持つ児童や生徒の能力を引き出し，向上するための教授法などが取り入れられ，そうした方法の効果も共有されるようになってきている。こうした手法や教授法からは今後多様な児童や生徒がますます増加する日本にとっても大いに参考になる点が多いのではないだろうか。

10 教養教育,一般教育を通じて育成される力とは？
―― グローバル社会と異文化リテラシー

はじめに

現在,日本の高等教育では,21世紀の知識基盤社会に向けての人材の養成という目標に向けて,教養教育や一般教育をどう再構築していくかが大きな課題となっている。2008年に中央教育審議会「大学分科会」において『学士課程教育の構築に向けて』の答申が提示され,それまでの高等教育の審議の結実として,学士課程教育の構築が日本の将来にとって喫緊の課題であるとし,その問題意識として最初に,「グローバルな知識基盤社会,学習社会において,我が国の学士課程教育は,未来の社会を支え,より良いものとする「21世紀型市民」を幅広く育成するという公共的な使命を果たし,社会からの信頼に応えていく必要がある。」ことが明記された。

第2章「学士課程教育における方針の明確化」では,国によって行われるべき支援・取り組みとして,「国として,学士課程で育成する21世紀型市民の内容に関する参考指針を示すことにより,各大学における学位授与の方針等の策定や分野別の質保証枠組みづくりを促進・支援する」ことが述べられている。

具体的に,各専攻分野を通じて培う「学士力」の参考指針として,1. 知識・理解,2. 汎用的技能,3. 態度・志向性,4. 統合的な学習経験と創造的思考力が挙げられた。

1. 知識・理解では,(1)多文化・異文化に関する知識の理解,(2)人類の文化,社会と自然に関する知識の理解が提示され,2. 汎用的技能では,(1)コミュニケーション・スキル,(2)数量的スキル,(3)情報リテラシー,(4)論理的思考力,(5)問題解決力が挙げられ,3. 態度・志向性では,(1)自己管理力,(2)チームワーク,リーダーシップ,(3)倫理観,(4)市民としての社会的責任,

(5)生涯学習力が提示されている。

　答申の問題意識から，多文化・異文化に関する知識の理解および人類の文化，社会と自然に関する知識の理解，汎用的技能や態度・志向性に挙げられているそれぞれの項目は，グローバル化した社会における21世紀型市民としての不可欠な要素であるとみなされていると理解できる。

　さて，21世紀の知識基盤社会に向けての人材の養成という目標に向けて学士課程教育を充実し，具体的な成果が求められているのは日本だけの現象ではなく，ほとんどの先進諸国の高等教育機関さらには開発国の高等教育機関が直面している課題であることは，各国の高等教育に関する報告書や論文にも大いに反映されている。そして，教養教育や一般教育も，こうした方向性のもとに現在構築されているのが，世界の動向でもある。

ハーバード大学の一般教育に関する最終報告書

　ハーバード大学が2007年に公表した一般教育対策本部の作業委員会による最終報告書においても，一般教育の重要性が示され，今後充実していくべき8つの領域が挙げられている。ハーバード大学では，大学教育を高等普通教育として位置づけており，教養教育という用語ではなく，一般教育という用語を通常使っているが，これらの8つの領域は，1978年から2008年までの30年間にわたってハーバードの一般教育で続けられてきた「コア・プログラム」に実質的に置き換えられるものとして位置づけられている。外国語の習得と文章作成技能の向上に加えて，学生は8つの領域から，一学期間にわたって，1つの授業を履修しなければならない。

http://www.sp07.umd.edu/HarvardGeneralEducationReport.pdf

　8つの領域とは，「美学と解釈」「文化と信念」「経験的推論」「倫理的推論」「生命科学」「物理科学」「世界の社会」「世界の中のアメリカ」である。これらの領域は，人文学，社会科学，科学，数量的推論，心理的推論といった内容を含んでいるが，必ずしも特定の学科の科目を履修することが求められているわけではない。

　この報告書では，一般教育の成果は，①学生が市民としての責務を果たす

ように促すこと，②学生自らが文化的な伝統(芸術・考え，理念，価値観)のもとに生まれ，その一員であることを学生に理解させること，③変化に対して批判的かつ建設的に対応できるように学生を導いていくこと，④学生自らの言動が倫理的にどのような意味を持つかを理解させること，と定められており，各科目は少なくともこの目標の1つから2つを修了時に学生に学習成果として身につけさせることが求められている。

ハーバード大学では，大学教育自体は，学生それぞれが，医者や弁護士，研究者，あるいは企業人等になるにせよ，全員が社会の構成員である市民となるための，卒業後の人生に向けた準備であると位置づけられている。つまり，責任ある市民を育成するという視点が，大学教育の根本であるということだ。そして，市民として暮らしていくには，アメリカだけでなく，他の国々，他の社会，そして他者との関係や影響を認識することが不可欠である。その場合，誰もが，文化的・宗教的・政治的・技術的など様々な変化を経験することになる。そして，批判や，文化の壁，倫理的ジレンマなど，生きていく上で必然的な問題に直面することになる。そうしたこれらの人生問題に対して知識豊かに思慮深く立ち向かうための技能や考え方等を身につける場が大学教育であり，一般教育もそうした役割を担うものとして認識されている。

このような認識，位置づけをベースに8つの主題領域が定められた。また，一般教育科目とカリキュラムを通じて，革新的な教授テクニックを幅広く取り入れることや課外活動と教室内の経験を結びつけるための計画なども，新しい方向として取り上げられている。つまり，文章と口頭のコミュニケーションを用いた専攻科目での指導をより多用すること，学際的科目の発展，学部生と教員の接触機会を増やすこと等が改革の方向として提示されている。言い換えれば，教員が，講義や座学を主体とした方法から活動を主体とした学習を取り入れ，活用していくことへの期待が，報告書を通じての強いメッセージでもある。

ハーバード白熱教室　Justice

　さて，ハーバードの一般教育の実態を目にする機会はそれほどないが，実は，日本でもその実態を目にすることが昨年から可能になっている。おそらく読者のなかにも，NHK教育で放映された「ハーバード白熱教室Justice」を見た人も多いだろう。講師は，1980年からハーバード大学で哲学の授業を担当している政治哲学を専門とするマイケル・サンデル教授である。http://www.nhk.or.jp/harvard/（日本語概要）

　NHK教育のこの番組に関するHPでの解説には，「設立1636年，アメリカ建国よりも古いハーバード大学の歴史上，履修学生の数が最高記録を更新した授業がある。政治哲学のマイケル・サンデル教授の授業「Justice（正義）」である。大学の劇場でもある大教室は，毎回1000人を超える学生がぎっしり埋まる。あまりの人気ぶりにハーバード大学では，授業非公開という原則を覆し，この授業の公開に踏み切った。ハーバード大学の授業が一般の目に触れるのは，史上初めてのことである」と書かれているが，実際，1000人以上の学生がぎっしり集まっている講堂での熱気あふれるサンデル教授と学生との問答には驚かされた。

　「Justice-A Journey to Moral Reasoning」は，倫理・政治哲学への招待としてハーバード大学のHP上で解説されていることから，本授業が一般教育として位置づけられていることがわかる。

　http://athome.harvard.edu/programs/jmr/

　アリストテレスからジョン・スチュワート・ミルといった偉大な哲学者の思想や哲学の学びを基本としながらも，「個人の権利」「公平性と不公平」「道徳性と法律」といった，現代社会においても普遍的に存在する哲学的あるいは倫理的な課題について，教員と学生との議論を中心にしながら進めていくという方法がとられている。過去の偉大な哲学者の思想や哲学が，いかに我々が直面している現代の諸問題に関連しているかを，学生たちが自ら倫理的正当性を問いながら，理由づけできるようにすることが本授業の目標ともいえる。

　例えば，3回目に放映されたレクチャー5「課税に「正義」はあるか」で

は，サンデル教授は，「政府の介入が最低限に抑えられた国家の正当性，富める者から貧しい者への所得を再分配する法律を制定する力を持つべきではない」というリバタリアン（自由意志論者）の代表的な哲学者であるロバート・ノージックの哲学理論を提示し，この哲学にもとづけば，所得層の上位10％が富の70％を所有している最も不平等な社会ともいえるアメリカは，公正か不公正かといった問題について，ビル・ゲイツやマイケル・ジョーダンの例を取り上げながら，税金による再分配は強制労働と同じであるというノージックの理論を説明していく。

　税金による再分配は正しいのか正しくないのかは，個人の持つ思想，考え方，人種・民族的背景によっても左右され，明確な答えがみつからない問題でもある。そうした答えのない問題について，サンデル教授は，教師との対話を通じて，学生が考え，その考えを発言し，さらに思考し，学生自らの考えを導き出していくというソクラテス方式の授業方法で進めていく。

　1000人もの学生を収容している大教室である。日本の大学の大教室で提供される授業を見ていると，寝ている学生，私語をしている学生，内職をしている学生も少なくなく，そこには湧き上がってくるエネルギーを感じることは多くはない。しかし，この授業では，学生たちも，真剣に授業に参加し，学びという知的なプロセスに主体的に関わっているというエネルギーが画面からも伝わってくる。サンデル教授の持つ卓越した授業の運営力と学生たちの学びへの姿勢が相乗効果となっているのだろうが，先に紹介した一般教育に関する最終報告書において，確認された一般教育の目標を成果に結びつけようという意欲が，「Justice（正義）」という授業からしっかりと伝わってくる。

オーストラリアの大学でのアトリビュート

　オーストラリアの大学でも学生が身につける能力やスキルを提示するようになってきている。その背後には，グローバル化した社会に備えるという世界共通の目標が意識されるようになってきていることが大きい。研究大学として定評のあるメルボルン大学のアトリビュートを見てみよう。メルボルン

大学は研究中心の大学である一方，国際社会でも通用する卒業生を育成するという目標を立て，学部教育の充実を図っている。卒業生のアトリビュートとして，「国内および国外の社会で活躍できるように技能と能力を持つこと」が意識され，具体的には以下のような項目がアトリビュートとして挙げられている。

http://www.unimelb.edu.au/about/attributes.html

アトリビュートは，(1)学問的に優秀であること，(2)専門分野を超えた知識を身につけること，(3)共同体でのリーダーとなること，(4)文化的多様性に調和すること，(5)グローバルな市民として活動することという 5 つに分類され，それぞれの分類のもとで，さらに 3 つから 5 つの詳細なアトリビュートが提示されている。

高度な認知的，分析的，および問題解決の技能を修得し，自立した批判的思考，自己学習の探求ができること，新しい考えを受け入れるオープンな姿勢を持ち，また批判ができることといったアトリビュート項目は，学問上の優秀性や分野を超えての知識を身につけるという分類のもとに提示されているが，こうしたアトリビュートと日本の中央教育審議会での答申で提示されている「学士力」や，ハーバード大学での一般教育に関する最終報告書で確認され，サンデル教授が実践している授業を通じて身につけるべき要素との間には，多くの共通点が見いだせる。

メルボルン大学は，現在の日本の多くの大学同様に，専門分野別に学生が入学し，それぞれの専門学部のもとで学ぶという構造であった。しかし，卒業生が身につけるアトリビュートは，そうした研究や学問分野に拘泥した構造だけでは容易ではないという認識のもとで，2008 年から「メルボルン・モデル」と呼ばれる新世代学位の授与と学士課程教育の再構築を始動した。このメルボルン・モデルでは，87 ある専門分野を 6 領域に統合し，それぞれの領域を卒業する際には，Bachelor of Arts (人文学士)，Bachelor of Bioscience (生命科学学士)，Bachelor of Commerce (商業学士)，Bachelor of Environments (環境学士)，Bachelor of Music (音楽学士)，Bachelor of Science (科学学士) という新世代学位が授与される。このモデルの狙いは，

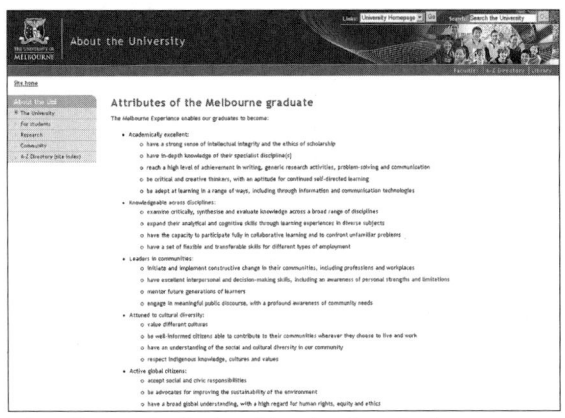

http://www.unimelb.edu.au/about/attributes.html

　学部卒業生のアトリビュートとして掲げている目標を保障するために，学士課程教育をより幅の広い一般・教養教育として機能するように再編し，研究や，専門職の教育は大学院に移行するということにあり，学部・大学院の両方に関わる大規模な改革でもある。

　この学士課程教育の再構築により，学士課程教育で学ぶ学生は，(1)自分の専門分野や適性を長い時間をかけて見極め，決定することができる，(2)学士課程レベルでの学びの一貫性や研究の関連性をより深化させることができ，学生同士の相互交流が期待できる，(3)卒業生が，明確な教育的，人間的なアトリビュートを身につけることができるという利点があるという。専門的な学問や研究および専門職の育成を修士課程や博士課程に移すことで，一般教育や教養教育を充実させた内容に学士課程教育を変容させているのが特徴といえよう。

共通課題としての異文化リテラシー

　21世紀の社会での市民を育成するという目標は，これまで見てきたように日本，アメリカ，そしてオーストラリアの大学でも重要な視点となっている。そうした市民を育成していく上で，世界の多様な文化，社会の知識を十分に備える，あるいは理解するという要素を異文化リテラシーと呼んでみよ

う。

　ハーバード大学の一般教育では,「世界の社会」「世界の中のアメリカ」といった領域に,異文化リテラシーを育成するための科目が設置されていることが多い。メルボルン大学でも,文化の多様性を理解し,グローバル社会の一員として活動できる市民を育成するプログラムが,「メルボルン・モデル」以降のカリキュラムを通じて重点的に整備されるようになった。

　現在,アメリカ,オーストラリア,ヨーロッパや日本の多くの大学が,海外大学との研究や教育の推進を目指しての学術協定の促進,ネットワーク化,スタディ・アブロード・プログラムの充実,留学生の受け入れの促進など学生の異文化リテラシーの育成を大学の使命として設定し,注力するようになってきている。グローバル化が急速に進んでいる状況では,学生が異文化を体験し,さらに異文化や多文化を理解する能力は世界が求める標準的な技能や能力であることに疑いの余地はない。現代の学生たちにとって,異文化や多文化を理解する能力,異文化リテラシーを身につけることは,多くの国々の21世紀型教養教育や一般教育の目標でもあり,事実,着実に成果へと結びつけるような取り組みが進展していることも世界の共通の動向である。

11 アメリカの初年次教育
―― 初年次の支援という総合的なプログラム

はじめに

　近年，日本の大学において初年次教育はすでに定着していると見受けられる。かつて初年次教育がしばしば補習教育とも捉えられがちであったことや「単位を付与するような教育ではない」ともコメントされていたことを思い起こすと，わずか数年のうちに日本でもオリエンテーションや概論などを含めると 90% 以上の大学が初年次教育を提供しているようだ。しかし，その中身は学習スキルを中心とする内容で構成されていることが多く，スキル中心の内容だけで十分であるかというような声もしばしば上がっている。初年次教育を学士課程教育の一環として位置づけることが 2008 年の中央教育審議会の答申で言及されたことは記憶に新しいが，初年次教育を学士課程教育の一環として総合的プログラムとして構築している事例は少数に限られている。そこで，本章では初年次教育が早くから取り入れられ，普及しているアメリカの最近の動向を見ることにする。

　アメリカの高等教育機関では，1970 年代半ばから，学部新入生を対象とした初年次教育カリキュラムやプログラムの開発，授業における取り組みが積極的に行われてきた。初年次教育には，学業から日常生活にいたるまでの，大学生活全般についてのオリエンテーション，アドバイザー制度，カリキュラム外での補習コースや個別指導など体系化されたプログラムが設けられている。こうした教育全体を総称して初年次教育と呼称することができる。しかし，アメリカでは，ファーストイヤー・エデュケーション，ファーストイヤー・エクスペリアンス，ファーストイヤー・セミナーなどの名称が混在して，しばしば使用されていたが，現在では，First Year Experience (FYE)，翻訳した場合には，「初年次の経験」になるのだが，この用語がアメリカで

の初年次教育全般を示している。初年次教育が正規のカリキュラムを通じて実施される場合には，First Year Seminar(FYS)が一般的に使用される用語である。しかし，現在のアメリカでは，新入生への単位にならないプログラムであるオリエンテーション・プログラムや寮のなかで実施されるプログラム，ラーニング・コミュニティを構築し，そのグループを媒介にした教育課程での学びプログラムあるいは授業以外でのグループによる協働プログラムなど，課程内外で行われる初年次生の支援プログラム全体を「初年次の経験」という用語でまとめられる。

初年次教育の広がり

ファーストイヤー・セミナー(フレッシュマン・セミナー)は20世紀初頭からアメリカの大学に取り入れられてきたぐらい本来は歴史が古いものである。しかし，ユニバーサル化が進行し，学生の学力面，価値観等における変容が顕著になってきた70年代から，比較的多様な学生が学生人口を占めている4年制州立大学や小規模リベラルアーツ大学で一般教育カリキュラムに統合され始めたことを契機に急速に普及してきた。ファーストイヤー・セミナー(フレッシュマン・セミナー)には新入生のオリエンテーションとしての機能が付与されている。オリエンテーションとは「新入生が新しい物理的，社会的環境および学問的期待に円滑に適応できるよう，援助し，方向づけを行う事」と定義づけられる。

大学でのオリエンテーションの重要性はすでに今世紀初頭に指摘されている。当時のハーバード大学総長ローレルが新入生とアドバイザーとの共同生活からなる大学寮生活を制度化するよう提案したほどだ。1910年にはスタンフォード大学学長ジョーダンが，「新入生へのガイダンス教育」の強化を提案した。フレッシュマン・オリエンテーション科目として，最初に制度化されたのは1888年のボストン大学においてであり，単位を付与するフレッシュマン・オリエンテーション科目を初めて設置したのは，1911年のリード大学であった。「大学生活コース」と命名された当科目は新入生全員が履修する必修科目として設置され，大学生活と学問への適応を促進するための

内容が重要視されていた。

1918年から22年の間には，プリンストン大学，インディアナ大学，スタンフォード大学，ノースウエスタン大学，オハイオ州立大学，ジョンズホプキンス大学等威信の高い大規模大学において単位ベースでのオリエンテーション科目が設置された。

1930年代までにフレッシュマン・オリエンテーション科目の原型がほぼ構築され，その内容は各大学の歴史と伝統そして理念，大学の組織と運営，大学生活とクラブ活動，大学生活と高校生活との差異，友人関係，大学のカリキュラムについて，職業選択について，学生としてのモラルと倫理性，宗教，大学での学習の目的等の大学生活へのガイダンス的内容と読解力の向上，文章力の向上，各教科の入門，テスト対策，ノートの取り方，時間管理法などの具体的な学習技術に関連した内容に大別することができるが，現在多くの高等教育機関で開設されているファーストイヤー・セミナー（フレッシュマン・セミナー）と酷似している。

しかし，1960年代に入り，教授団の学習技術の向上や学生生活の方向づけへの単位付与に対して疑義が出されたことを契機に，フレッシュマン・オリエンテーション科目は多くの大学のカリキュラムから消失することになる。同時に，1930年代までの学生を前提として構築されたフレッシュマン・オリエンテーション科目内容が70年代の学生には時代遅れとして受け止められ，魅力が半減してしまったことと重なってフレッシュマン・オリエンテーション科目は下火となった。

しかし，学生運動を契機として教育への学生の要求が高まり，高等教育の大衆化に伴う諸現象が顕在化し始めた1970年代後半あたりから，フレッシュマン・オリエンテーション科目は再び脚光を浴びることになる。名前を「フレッシュマン・セミナー」と改め，教育方法も学生を主体にしたプレゼンテーションやコミュニケーションなどを多用し，読み書き，情報検索，討論，発表などのアカデミックスキルや大学生活の基本的なスキルを身につけることを目標として，時間管理法や就職支援，ならびに友人や教員とのつきあいを円滑にするための人間関係，コミュニティ活動，職業選択に関連する

包括的な内容で構成されるようになり，現在でもこうした内容は基本的な「フレッシュマン・セミナー」の定番として定着している。

　70年代後半あたりから，再度大学が「フレッシュマン・セミナー」をカリキュラム上に復活させた背景には，第一次の教育改革ともいうべき学生から大学のカリキュラムの変革への要望があったこと，それまでの全寮制の大学から通学生主体へという学生人口動態の変動，そして多様な学生の入学と70年代から顕著化し始めた学生文化の変容と現在にいたる大学の大衆化が大きな背景として横たわっている。そうした背景を簡単にまとめてみよう。

　第一の要因として，平等化を目指したユニバーサル・アクセス政策が1960年代から高等教育政策として取り入れられてきたことが多い。この政策により，成人学生やマイノリティ学生，および低所得階層出身の学生が大幅に増加したことにより，学生の多様化が顕著になったことである。第二に多様化に伴い，学力の多様化や価値観の多様化が進展してきたことも大きい。例えば，大学への入学要件である標準試験であるSAT（大学進学適性試験）の得点も1968年から1980年まで低下し続けてきた。また，高校時代に補習授業を受けたと答える割合が増加し，大学での学習時間の減少も目立ってきている。第三の要因はこうした状況に加えて，連邦政府や州政府が高等教育への財政補助を削減したことに関係する。財政補助の指標として1年次から2年次への進級率あるいは在留率（リテンション率）が重要になり，大学はリテンション率を維持すること，あるいは上昇させることが必至となったのである。

初年次教育の意味と位置づけ

　現在，多くのアメリカの公立大学は財政配分を受ける上で，「ティーチング」面における「教育改善」が重要視され，「リテンション率」の向上は教育改善の指標として大きな意味を持っている。同時に，私立大学においても学生を確保する上で，教育改善は不可欠の要素となっている。それでは「教育改善」と「初年次教育」にはいかなる関連性があるのだろうか。初年次教育に関する多くの先行研究では高校から大学への大きな転換期を迎える学生

にとって初年次教育がその移行期を円滑化する上で効果的であると指摘しており，サウスカロライナ大学にある初年次教育研究機関の調査でも高等教育機関で実施されている初年次教育の多くは移行期支援型であることが明らかにされている。さらに，1年次から2年次への在留率は，ファーストイヤー・セミナー(FYS)を受けた学生の方がより高いと明らかにしている先行研究も多い。

　アメリカの多くの大学で導入されているファーストイヤー・セミナーに一般的な共通の構成要素としては，「社会生活スキルの向上と円滑な人間関係の構築」「分析能力，批判的思考技術の向上」が挙げられる。日本では技術的な部分であるレポートの書き方，図書館の使い方のみに限定して初年次の授業内容を構成してしまう傾向があるが，アメリカでは「分析能力，批判的思考技術の向上」のように必ず学問的要素が取り入れられている。こうした学問的要素を専任教員が自分たちの学問的背景をもとに分析能力，批判的思考技術の向上をさせることを重点的に初年次教育のなかで実践することの重要性が共有されているわけだ。

　アカデミック・スキルの習得は，おおよそほとんどのファーストイヤー・セミナーでカバーされている。授業科目ごとに大量のリーディング，ライティングの宿題が課せられ，また，授業でのプレゼンテーションも課題とされることが多いのがアメリカの大学の特徴でもある。そのため，宿題や課題に対処するために，アカデミック・スキルの習得が切実な課題となる。

　また，大学生活の基礎となるアカデミック・スキルの習得，時間管理，キャリア観の育成，コミュニケーション技能の習得なども意図した内容から構成されている初年次教育は，高校から大学への移行を円滑化する上でも効果があり，かつリテンション率の向上に効果をもたらすとみなされている。それゆえ，より多くの学生を安定して確保することで，財政を安定させたい大学にとって，初年次教育を充実させることは，戦略としても重要となる。

　オリエンテーション型であれ，学部・学科で共通カリキュラムを構築し学問的セミナー形式で進めていく場合であれ，学習スキルに重点を置いたセミナーであるにせよ，学生が学業と学生生活を含めた社会生活の両面で，より

充実した生活を過ごせるように支援すること，大学というコミュニティの一員であるという感覚を学生同士が共有することがファーストイヤー・セミナーの目的であるといえる。

　アメリカの学生の変化についてはすでに指摘してきたが，初年次教育の実施状況を見る限り，近年の学生の動向を見極めた上でプログラム内容が構築されていることを看過することはできない。すなわち，アメリカでも学生の多様化に伴って学習スキルの向上だけに重点を置いただけでは，社会生活・人間関係スキルに疎い近年の学生の実態とはかけ離れたカリキュラムに陥る危険性がある。一方でオリエンテーションのみに焦点を当てたとしても，大学での学問生活に不可欠なスキルを獲得することは困難になる。したがって，ファーストイヤー・セミナーは，オリエンテーション的要素，学問的要素，青年心理的要素を統合した点が特徴である。

　学士課程教育の構成において日本との大きな違いが見られるが，この点もアメリカのファーストイヤー・セミナーの位置づけやその構成要素に関係している。日本では極めて少数の大学を除けば，新入生は通常入学時点で専門分野をほぼ決定して入学してくる。国立大学のなかには共通カリキュラムとして初年次教育を提供しているところもかなり増加しているが，学部という専門を意識して構築されている初年次教育を提供している大学も数多い。一方，アメリカでは，通常工学専攻や看護領域の専攻などの一部を除けば，新入生は2年間の教養・一般教育課程を経て，専門分野を決定する。大学での専門分野決定に関して，日本が「早い決定」であるとすれば，アメリカは「遅い決定」という性格を伴っている。こうした「遅い決定」という特徴を活かした初年次教育の形態が最近多くの大学で導入されている「ラーニング・コミュニティ」である。

　ではラーニング・コミュニティとはどのような概念なのだろうか。ラーニング・コミュニティはカリキュラムを再構成して異なる学問分野の科目を履修していく上での目標を関連づけることにある。学生が学ぶ上で，一貫性を学習過程に見いだすことを目標としている。その際に，学生と教員あるいは学生同士の相互作用が活発化されることが重要で，そうした相互作用を通じ

て学生の学習への意欲や学習過程での効果が現れるとみなされている。なお，ラーニング・コミュニティは学習への協同的あるいは参加的なアプローチとも密接に関連しており，チーム・ティーチングや学際的なテーマとも密接な関連性がある。

　アメリカの大学の特徴を活かして，一般教育とラーニング・コミュニティが組み合わされて利用されることが多い。従来の一般教育カリキュラムを通じて，学生はそのカリキュラム上で提供されているそれぞれの科目から得る知識を独立した知識とみなし，それぞれに関連性があり，そしてその後の専門分野や職業生活と密接に関連しているとは考えてこなかった。しかし，科目や学問体系が異なるにせよ，それぞれの学問には関連性と知識の一貫性があるということを学生に理解させることがラーニング・コミュニティの持つ意味である。いわば，一般教育と専門分野そして職業生活に代表される卒業後の生活との統合を図ることがラーニング・コミュニティの目標であるといえるだろう。それゆえ，例えば一つのテーマのもとで，環境問題，生態学，経済学や作文等の科目を関連づけて学生はグループでこうした科目を履修することになる。その一貫したテーマのもとでの各科目はそれぞれの学問分野の専門家である教員がそれぞれの学問分野からのアプローチにもとづき，学生に教授する。その際，実際の生活に根ざした事例などを活用することで学生が具体的にその事象を捉え，理解するように工夫がされている。

　アメリカの大学では，「遅い決定」のために，実は新入生の居場所が定まりにくい，言い換えれば，帰属意識が育ちにくいという問題と無縁ではない。そのため，ファーストイヤー・セミナーとラーニング・コミュニティを組み合わせて，人為的に作られたグループに所属する学生同士が同じようなカリキュラムを履修するように設定される。多くの授業を一緒に履修することで，学生同士の交遊，協同学習が進展し，帰属意識が醸成され，さらには大学生活への円滑な移行へとつながることが期待されている。

　少子化と全入時代を迎えて，今後は多くの日本の大学が初年次教育のさらなる充実を図ることに疑いはない。その際，アメリカの大学の様々な手法や試みを取り入れながらも，アメリカの大学と日本の大学の学士課程の構造の

違いを視野に入れて，日本型の初年次教育を構築していくことが大事であるということも忘れてはならない。

サウスカロライナ大学のUniversity 101

それでは，ファーストイヤー・セミナーがこの大学から始まったといえるサウスカロライナ大学のUniversity 101の事例を見てみよう。サウスカロライナ大学でUniversity 101が開講されて38年が過ぎている。1972年に始まったUniversity 101は，ベトナム戦争への反対を表明することから始まった学生運動に対処するための授業として，より学生の考えや意見を授業のなかで発表し，教員とのコミュニケーションを円滑にするためにデザインされた授業であった。そこには，学生が有意義に学生生活を送るためという目的が含まれていたのだが，徐々に初年次生をより円滑に大学での学習や生活に適応させるという移行期への支援としての教育に収斂されるようになり，初年次教育の原型として定着するようになった。

学生がアカデミックに大学の学習に適応できること，学生生活に適応できるために，アカデミック・スキルや時間管理の方法等，日本での現在主流となっている初年次教育の内容から構成されていたUniversity 101であるが，2008年にはプログラム委員会による評価が実施され，より本授業の目標と学習成果を明確にすることが要求されるようになった。

現在では，教育課程や教育課程外の活動に積極的に関わること，そして学生がクリティカル・シンキングの力を育成し，それを応用できるようになることを教員は授業の成果とするということが明確化されている。具体的には，授業の履修を通じて学習上で成功するために，学生は①授業や学習経験に対して適切な学習戦略を適用することができる，②情報ソースを適切に評価することができて，大学図書館や情報システムを学習上の探索のために有効活用することができる，③文書表現や高等表現を用いて，思考や見方を発見し，発展させ，そして結びつけることができる，④時間管理を有効に効果的にすることができる等6つの学習成果到達目標が明示され，サウスカロライナ大学での経験に特化した到達目標も提示されている。それらは，キャンパスの

リソースを有効に活用して，教育の経験やキャンパスでの活動に利用することができる，学生同士や教職員との前向きの関係性を築き上げることができる，サウスカロライナ大学に属している者としての歴史，伝統，そして文化を説明することができて，その意味を理解することができるといった内容である。さらには，変化しつつある多様な世界に対処することができるようになるために，自分の背景や価値観を見直して，他の人々との関係性にそうした自分の背景や価値観がどのような影響を及ぼしているかを見直すことができる，多様性といった概念を説明することができて，多様な見方を認識することができる，キャンパス内外において，責任を伴う市民性という概念について述べることと示すことができる等のより情緒的な側面を含む学習成果到達目標も提示されている。

したがって，University 101 は，教育課程での授業として位置づけられているだけでなく，教育課程のみならず学生サービス部門にもまたがって現在は運営されるなど，教学と学生支援部門という従来あった壁を越えての存在になっていること，本科目が教室だけでの学習にとどまらず，コミュニティ・サービス，寮におけるプログラム，学内外でのリーダーシップ育成プログラム等々学外との連携も積極的に推進されるという動向は注目に値する。

また，かつて University 101 は単独で存在していた科目であったが，現在は学生にとっての研究スキル向上に特化した内容から構成されている University 201，寮で実施される学際的な課題に焦点化した討議を中心とした内容で構成されている University 290，最上級学年を対象として学士課程からキャリアや大学院への円滑な移行を支援するためのキャップストーンセミナー科目と合わせて履修することが推奨されている。こうした動向から，アメリカでは初年次教育を「初年次の経験」という包括的な概念で捉え，学士課程教育全体との接続性も視野に入れて構築されていることが把握できる。

第3部
質の保証に向けての多様な制度とアセスメント

12 アクレディテーションのアウトカム・アセスメント
——ミッションと個性にもとづいた大学評価

アメリカのアクレディテーション最新動向

　2008年3月に中央教育審議会が公表した『審議のまとめ』において言及されているように，今後は学士課程教育の構築に向けて各大学が自らの教育理念と学生の成長を実現する学習の場として学士課程を充実させることが強く求められている。高等教育のユニバーサル化が進行し，大学の入学者選抜が従来のような入学者の質保証の機能を保持することが難しいことがその主な背景である。高等教育機関が自由を謳歌していた時代は過ぎ去り，かつてないほど高等教育機関に研究の成果のみならず教育の成果が求められるようになってきたのが近年の日本の動向であるが，この現象は日本だけのことではない。21世紀の知識基盤社会に向けての人材の養成という目標に向けて，ほとんどの先進諸国の高等教育機関さらには開発国の高等教育機関が直面している課題といえる。

　さて，教育の質保証のシステムは国によっていろいろな個性がある。国家による質保証の枠組みを構築しているイギリス，スコットランド型が一つの例である。一方で，教育の質保証に向けてのエビデンスを提示することが強く求められている環境のなかで，自己評価とピア・レビューを基本理念に置くアクレディテーション団体による評価を維持しようとしているアメリカも一つの例である。

　筆者は毎年，IR（機関研究，大学機関調査）の全米会議であるAIRに参加しているが，2008年のAIRでの基調講演は全米の地域基準協会を傘下におくCouncil for Higher Education Accreditation (CHEA)と呼ばれるアクレディテーション団体の統括機関の会長，ジュディース・イートン氏によって行われた。会長の講演のテーマは連邦政府の統制がより厳しくなる状況のなか

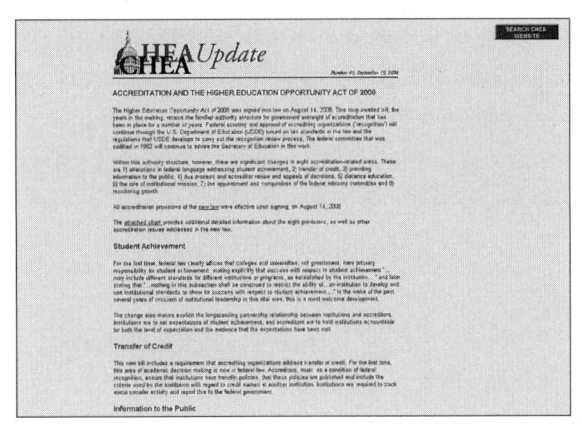

http://www.chea.org/Government/HEAUpdate/CHEA_HEA45.html

　で認証評価団体の役割がどのように存在感を示し，かつアメリカならではの伝統と優れた特徴を活かしながらアカウンタビリティに応えていくかという重たいものであった。
　事実，2008年8月14日にアクレディテーションと高等教育機会に関する法が施行されたが，アクレディテーションに関しては8つの領域において大きな改正がなされている。学生の学習成果をより明確に証拠として示すこと，単位の移転についてのポリシーを各高等教育機関が明確化すること，社会に情報を提供することをより明確にかつ公に行うこと等が定められているなど，連邦政府の関与がより厳しくなっている印象である。
　http://www.chea.org/Government/HEAUpdate/CHEA_HEA45.html

地域基準協会ごとに異なる評価基準
　本章は，アメリカにおいて連邦政府の統制が年々厳しくなるなかで，地域基準協会がアクレディテーションに対してどのような方針を堅持しているかをいくつかの地域基準協会を例として見ていきながら，次に大学の個性という視点からミッションと学生のラーニング・アウトカムをグローバル性に力点を置いている大学を紹介することにしたい。

全米には6つの地域基準協会が置かれている。例えば，North Central Association of Colleges and Schools The Higher Learning Commission（以下ノースセントラル地区基準協会）はCHEAとアメリカ教育省（USDE）による認証を受けている地域基準協会であり，主に中西部地域を中心とする19州にある高等教育機関を管轄している。19州のなかでモンタナ，ワイオミング，ノース，サウスダコタ州などは人口も大学の数も少ないため，実質的にはアクレディテーションが集中するのはミシガン，ウィスコンシン，イリノイ，インディアナ州等の中西部の州になる。地域基準協会にはそれぞれの管轄する州の高等教育に関連する歴史的な背景が多かれ少なかれ反映されており，それがアクレディテーションの方向性や基準にも関連している場合が多い。ノースセントラル地区基準協会が管轄する多くの州の高等教育機関，特に公立大学はランドグラント大学（土地付与大学）としてスタートしているため，より多くの地域住民に教育サービスを提供することが基本という理念は現在でも共有されており，過疎州の人口の少ない地域にも十分に高等教育を提供するということがアクレディテーションの際には重要な評価基準となる。
　一方，南部州を管轄するSouthern Association of Colleges and Schools Commission on Colleges（以下SACS）の場合には，南部に顕著な人種問題，すなわちアフリカ系アメリカ人と白人との間の教育の分離という問題やそれに関連した貧困という問題を克服することが重要課題として続いている。したがって，教育の質保証と学生への財政援助がSACSにとっては不可欠な課題であり，特に教育の質保証のためには，かつては80項目以上のチェックリストを作成して多様な基準を設定するなどの努力を行ってきた。SACSが管轄する州には他の州とは異なり，黒人学生のためのブラックカレッジが数多く存在するが，こうしたブラックカレッジは南部ならではの分離による教育の質の向上と機会の提供を達成する方法でもある。
　Middle States Association of Colleges and Schools Middle States Commission on Higher Education（以下ミドル・ステート）と呼ばれる中部地区基準協会は，ニューヨーク，ペンシルバニア，ニュージャージー，メリーランド，ワシントンDC，デラウェア等の比較的大学の多い州に加えて，プエルトリ

コと US 領バージンアイランドを管轄している。ノースセントラルとミドル・ステート地域基準協会の質保証についてのアクレディテーションの基準は類似している点も多い。いずれも質保証を Institutional Effectiveness という概念からのアプローチで評価している点は同じであるが，ノースセントラルが科目レベル，プログラムレベル，機関レベルという3つのレベルにおいて評価しているのに対し，ミドル・ステートは科目レベル，機関レベルという2つのレベルにおいて評価している点に差異がある。

ラーニング・アウトカムによる評価

このようにそれぞれの管轄州にある大学の歴史と抱えている問題や現状の違いが各地域基準協会が実施するアクレディテーションの個性になっている。しかし，優れた教育の質保証を実現していくための様々な努力と各大学や各コミュニティ・カレッジが自己点検・評価にもとづいて教育の質保証を実践していくことは共通である。また，地域基準協会は質保証を先述した Institutional Effectiveness という言葉で表現している。つまり，質保証を一律的，あるいは一元的な方向性で定め，枠をはめるのではなく，各機関がその機関に応じたミッションを定義し，目標を設定し，達成することを推進していくことが基本となっている。学生のラーニング・アウトカム（学習成果）や財政面の健全性や効率性について，エビデンスを示すことが不可欠であるが，その場合，各大学によって多様な方法や指標でエビデンスを示すことができればよいとしている。

専門教育やプログラムの成果の評価においては，専門職協会がより関与しているため，地域基準協会の管轄の範囲であるというわけではない。地域基準協会が評価しなければならないのは，一般教育分野であるが，ここでのラーニング・アウトカムの提示においても各大学や機関が取り入れている方法を基本としているのは6つの地域基準協会に共通の理念である。

例えば，一般教育の標準試験である CLA (Collegiate Learning Assessment) もその一つのツールに過ぎず，必ずしも CLA をアウトカム評価の尺度として取り入れる必要があるわけではない。なぜなら，CLA は学生全体

に実施するのではなく，100人という人数で実施しその成果を示してもよいとされている。そのため，4000人の学生規模の大学が優秀な学生100人を選抜してCLAを受けさせた結果を提出するのと，小規模大学での100人の成果とでは，同等に比べることができないというテストの妥当性や信頼性の問題がクリアできていないこととコストがかかるという問題も依然として残っているからだ。

　したがって，CLAだけでなく，キャップストーン・プログラムの導入，間接評価として有効である各種学生調査の利用，カリキュラム・マップの活用，eポートフォリオの利用，ルーブリックの活用など多種多様な方法でその大学に適している方法を利用して成果を上げればよいという姿勢を連邦政府の圧力が強まる状況においても各地域基準協会は堅持しようとしている。

　新高等教育法でも遠隔教育についてのアクレディテーション条項が付け加えられたように，多くの機関がeラーニングによる遠隔教育を導入するようになってきていること，地域基準協会も積極的に遠隔教育を評価する方法を開発するようになってきていることも新しい動向といえるだろう。また知識基盤社会への対応については，ボローニャ・プロセス以後のヨーロッパの高等教育機関の動向をアメリカもかなり意識しており，留学生確保に並行して，自国の学生の国際化に力を注ぐようになってきている。具体的には，グローバリゼーションへの対応として多くの大学が学生に短期，中期，そして長期の海外体験をさせるようになってきていることが最近の動向である。したがって，こうした新しい教育方法や教育プログラムの成果が学生のラーニング・アウトカムの目標として掲げられるようにもなってきている。

　以下では，各大学の個性やミッションという点から学生の海外での体験を通じたグローバルマインドや知識の習得をラーニング・アウトカムとして掲げている大学の事例を見てみよう。

アーケディア大学の取り組み

　ペンシルバニア州グレンスライドにあるアーケディア大学は学生数4000人ほどの中規模私立大学であり，学生と教員比率は13対1という少人数教

http://www.arcadia.edu/

育を大学の長所として掲げ，実際の平均クラスサイズは学生数16人である。本大学は全米の高等教育機関の学生を対象とした海外教育プログラムと自校の学生を対象とした海外教育プログラムの両方を提供しており，学生の国際化を大学のミッションの一つとして設定し，そのためのプログラムを積極的に展開している大学である。http://www.arcadia.edu/

　産業界，一般人が利用する大学ランキングの一つにU. S. News & World Report 誌が毎年行うランキングがある。2008年度版ランキングにおいてアーケディア大学は北部地区の修士号授与大学のベスト25大学の一つ，そしてベストスタディ・アブロード・プログラム提供大学として選定されている。U. S. Newsランキングは，複数の研究や教育の質を評価する指標をもとに算出されている。そうした指標は同僚性による大学同士によるピア・レビュー，学生のリテンション率，教員集団の質，学生の選抜度，財務の健全度等から構成されている。アメリカにおいてはアクレディテーション機関も一般的なランキングを無視しているということはなく，大学がミッションと目標を立てて，それにもとづいてInstitutional Effectivenessを評価する際には，そ

の優れた点をアセスメントするということになるため，しばしば一般的なランキングとアクレディテーション機関による評価が重なることも少なくない。

国際化プログラム3つの強み

アーケディア大学の強みは，大学の目標として打ち立てている学生への国際化プログラムの充実に沿って，学生がグローバルな視点や教養を獲得しているということにある。国際化プログラムの特徴は，①初年次生や転入・編入学生の多くがロンドン，スコットランド，アイルランドで海外研修を経験する。②短期間から長期間の多様な海外体験あるいは留学プログラムを提供しているため，学生は目的やニーズに合わせて多様なプログラムのなかから選択することができる。③単に体験だけで終わらせないために，事前知識の習得と体験，事後学習をすることによって，学生がアウトカムを獲得できるような教育課程を提供している。という3点にまとめられる。

特に③については，学生が個別の海外体験プログラムを海外研修アドバイザーとの相談の上，組んでもらうことも可能であること，教員が提供している海外研修に行く国に関する科目を履修することにより体験と知識を統合するような設計がされている。具体的には，例えば環境やビジネスというテーマのもとで，パナマを事例に学生が学ぶことを考えている場合，どのようにこうした知識と体験の一体化は進められていくのだろうか。学生は事前学習として中南米の経済を専門とする教員が提供しているパナマスタディ・アブロード関連科目という知識に関する科目を履修する。この科目では，パナマ経済やパナマ社会等についての基本的な知識とアメリカの産業との関連性について学ぶ。

次に，海外研修プログラムに参加するが，知識に相当する科目を担当している教員が同行してパナマで実際に何週間かを体験する。現地にはプログラムコーディネータと呼ばれる職員が駐在しており，その職員が現地での体験学習の場をセッティングし，学生はその研修の場に参加する。現地に進出しているアメリカ企業のビジネスの現場や多国籍企業の活動状況などを見ることによって，グローバル化した企業活動という視点で学習する場合もあれば，

現地社会や現地の人々への多国籍企業の影響や環境問題という批判的な視点からグローバル化した経済を見るといった学習も可能である。先進国よりも開発国への留学・研修プログラムを希望する学生も最近では増加しており，卒業後はアーケディア大学にある平和構築に関する大学院プログラムや国際関係の大学院プログラムに進学する比率も増加しているという。

　アーケディア大学における従来の留学・研修プログラムは，どちらかといえば長期留学に重点を置き，体験といった要素は学生の自主性に任せていた。しかし，アウトカムを重視するようになってきている最近のアクレディテーションの動向に適応する形で，本大学の学生のラーニング・アウトカムの目標にグローバルマインドの育成を掲げたことが留学・研修プログラムの大幅な改革へとつながった。短期・中期・長期という期間別のプログラムの策定と設置，それに合わせた授業科目の設置と体験的要素を充実させた研修内容というように，ラーニング・アウトカムを獲得できるように再構築されたことが大学の個性へとつながっているといえるだろう。

　アーケディア大学の個性ある国際戦略は自大学の学生への留学・研修プログラムのみにとどまっていない。全米の学生のための留学・研修プログラムセンターをアーケディア大学内に設置し，全米の学生のグローバルマインドの育成に向けての留学・研修プログラムを構築し，学生のニーズに合わせた情報と実際のプログラムを提供している。1年間に全米の300に上る高等教育機関から3000人の学生がアーケディア大学の Arcadia's Center for Education Abroad (www.arcadia.edu/abroad) が提供する留学・研修プログラムに参加している。このセンターの提供しているプログラムの特徴は，留学・研修を希望する学生の専門分野や学びたい分野に合わせて専門の職員がプログラムをカスタマイズするという点にある。したがって，お仕着せのプログラムではなく国際経験が豊富なスタッフのアドバイスや支援を受けながら，学生は希望に沿ったテイラーメイドの留学・研修を行うことができる。

　アーケディア大学のターゲットを絞った国際化戦略とグローバルマインドの育成というラーニング・アウトカムに焦点を当てた個性的なプログラムの構築には管轄アクレディテーション団体であるミドル・ステート地域基準協

会も注目しているということだ。

　本章は，アウトカムのより具体的なエビデンスの提示に向けて，連邦政府の圧力が強まるアメリカのアクレディテーションの動向と大学の事例を紹介してきた。日本においても同様の傾向が進展しているが，一律的なアウトカムではなく，大学のミッションと個性に応じたアウトカムを尊重するアクレディテーション団体の方向性と個性的な大学の戦略は，しばしば同一方向を追いがちな日本の高等教育機関にとって参考になる点が多いのではないだろうか。

13 IRと学生調査
――プロセス評価としての学生調査の意義

はじめに

　最近，日本の高等教育関係者の間で，IRが注目を浴びるようになってきている。IRとはInstitutional Researchの略語であるが，日本語では機関研究あるいは大学機関調査と訳されることが多い。

　IRとは，個別大学内の様々な情報を収集して，数値化・可視化し，評価指標として管理し，その分析結果を教育・研究，学生支援，経営等に活用することである。ではなぜ，IRが急速に注目を浴びるようになってきたのだろうか。大学での学習を通じての教育の質保証を求める動きの急速な進展のなかで，高等教育全体のみならず個々の大学における教育成果の提示が重要な論点となってきていることが要因の一つである。大学評価をされる大学にとっては，教育成果を測定するにあたって，教育に関するデータをどのように集積し，測定し，そしてそれらの結果を改善につなげていくかということが「教育の質保証」のベースであると認識されるようになってきた。しかし，実際には，多くの高等教育機関では，教育の改善が不可欠であるということは共有されているものの，現状評価を客観的なデータにもとづいて行うよりは，教員個人の主観や経験値にもとづいている場合が多い。筆者は，IRとはこうした主観や経験値にもとづく教育評価を客観的なデータにもとづく現状評価文化に変えていく基盤であるとみなしている。

　本章では，学生調査の結果や情報の集積と使い方という視点からIRの実際について紹介することにしよう。

　アメリカの多くの高等教育機関には，教育改善のためのデータを集積，分析し，そうした情報を大学執行部に報告しかつ大学執行部の意思決定に不可欠な戦略立案を策定する部門としてIR部門が常設され，各大学内の教育研

究活動に関する調査研究や財務分析を行う管理部門として，経営そのものに関わる様々な情報の入手とその分析を行い，組織管理の改革支援を行っている。大学内部の諸々のデータの管理や戦略計画の策定，アクレディテーション機関への報告書や自己評価書の作成を主な仕事としているIR部門は，教育成果の間接アセスメントとして多くの大学が使用している標準的な学生調査を利用し，その結果を大学の教育改善に向けて分析し，様々な関連部署にその結果を伝えるような役割も担っている。学生調査のデータは教育成果を示す指標としてアクレディテーション等へのエビデンスデータとして利用することも可能であることから，多くの大学が学生調査を実施している。独自に学生調査の開発を行っている大学も少なくないが，実際にそうした学生調査の開発はIR部門が中心となっている場合も多い。

　現在の日本において，IRが注目されている背景として，先述したように認証評価や法人評価にエビデンス・ベースで対応するための，定量的な根拠データの作成とそれにもとづく評価報告書作成などの実際的な必要，すなわち大学評価の制度化が関連していることは否定できない。その意味では，IRと大学情報とは切り離せない関係ともいえる。大学の諸活動に関する情報の収集と分析，ならびにその情報システムの運用と活用を図るのがIRでもある。大学評価では大学の教育研究活動を中心に様々な活動を評価する。評価の際にはそれら活動の内容を示す資料・データにもとづき評価を行うことから，事前に各大学において評価に必要な資料・データの収集・整備がなされている場合は，それらにもとづく効果的な自己評価書・実績報告書の作成が可能となり，また評価に関連する作業の負担軽減にもつながる。さらに大学の諸活動に関する諸々の大学情報の収集・整備は，評価時に限らず大学の自己改善活動や将来計画の策定の際にも有用になる。

　日本でも，大学情報に関するデータベースの活用は，例えば，日本での国レベルの大学情報に関係するものとして文部科学省の統計情報(学校基本調査，学校教員統計調査等)や科学技術振興機構の研究開発支援総合ディレクトリ等がある。また多くの大学では研究業績に関する教員情報のデータベースを有している。しかし，現時点では海外の高等教育機関のように日本の高

等教育機関にはIR部門がほとんど存在していないため，こうしたデータベースを活用しての情報の収集分析はそれほど実質的に行われていない。

IRとデータベース

それでは，先述した文部科学省の統計情報やその他国が収集し，公開しているデータベースに相当するアメリカのデータベースとIR部門の関係について見ていくことにする。

アメリカのすべての高等教育機関や学生に関する情報が集積されているのがIPEDS (Integrated Postsecondary Education Data System) である。IPEDSには連邦学生資金援助プログラムに参加しているすべての高等教育機関(4年制大学，2年制大学等)からの情報が集められている。1985年の高等教育法の改正により，連邦学生資金援助プログラムに参加している大学は，在籍者数，登録者数，卒業率，教職員数，財務状況，学費，学生資金援助状況に関する情報を報告することが義務づけられた。こうして集められたデータを学生や保護者はCollege Navigatorを通じて利用し，大学選択の資料として活用している。

一方，大学の関係者や研究者はIPEDSのデータをIPEDS Data Centerを通じて，利用し分析するが，とりわけ，ベンチマーキングのために，IR部門の職員はIPEDSデータを利用することが多い。

全米の高等教育機関から毎年収集されるIPEDSデータは，機関の特質，学費，学生数，学生資金援助，学位授与数，学生の在留率や卒業率，機関の財務状況や人的リソースなど7つの領域にわたっている。特に学費状況や学生の教務情報，入試情報，卒業状況などからなる機関の特質に関連するデータはIPEDSの中核をなしている。学生の登録情報については，学生の年齢をはじめ，学生の1年間での単位履修状況や新入生の出席クラス状況などから成り立っている。1年次から2年次に進級あるいは在留するという意味のリテンション率や卒業率は重要な情報として位置づけられている。こうした学生情報のみならず，教職員数や教職員に関連しての給与，教員の最終学位情報，有期教員数や任期付き教員数なども収集されている。また，機関の財

務状況なども IPEDS に報告することが求められている。

　一連の大学情報の集積が IPEDS というデータベースを形成しているが，それだけでは単なるデータベースでしかない。むしろ，こうしたデータベースを利用し，ベンチマーキングすることが次のステップであり，IR の仕事でもある。IPEDS と連携をとりながら，IR に関わる人材を育成している学会が AIR（Association for Institutional Research 通称 AIR）である。IR に携わる専門家集団の学会あるいは団体である AIR は 1965 年に設立されて以来継続して活発に活動しており，1500 以上もの機関から 4200 人以上が AIR の会員として登録しており，年間の運営予算規模は 380 万ドルにも上っている。運営を担っているのは，任期 3 年で選挙によって選ばれる 11 人の理事からなる理事会であるが，加えて，アメリカの大きな学会の特徴でもある学会を運営する専任の担当者が学会の本部があるフロリダ州タラハシに常駐し，学会長や学会執行部とともに学会の運営を支えている。11 人の常勤専任担当者と 2 名のパートタイム職員が日常的に学会の運営と関連業務を実質的に遂行している。AIR には 43 の州や地域関連機関が機関会員として登録し，また，国際的にも近年は活動を拡大してきた結果，海外からは 5 つの機関が機関会員として参加するまでになっている。

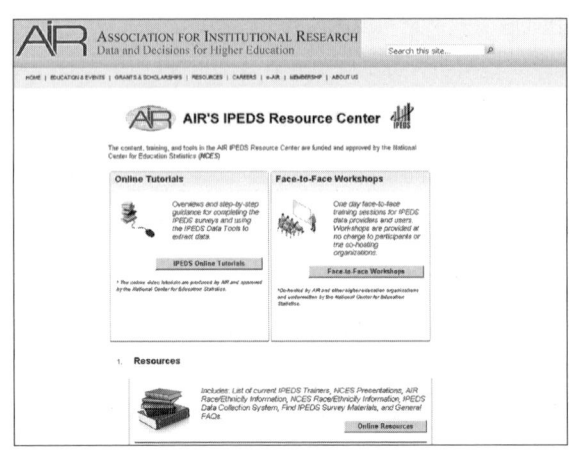

http://www.airweb.org/?page = 819

AIRのホームページ http://www.airweb.org/?page = 819 のページ Tools の Data Center にアクセスすると IPEDS Data Center で A Tour for the New Tool という PDF がダウンロードできる。このファイルは，IPEDS を利用して，自分の属する大学と比較できるような大学群を選び出し，その大学あるいは大学群と自分の大学をベンチマーキングしながら，大学評価に向けて教育・研究環境を改善していくための方法を示している。この IPEDS Data Center の基本となっているデータベースでは，個々の大学の基本情報が公開されており，それをもとにベンチマーキングできることが特徴である。

IRと学生調査

さて，IR と学生調査は双子のような関係ともたとえられる。学生調査は学生の教育成果の間接アセスメントとして有効であり，かつアクレディテーションの際にも教育成果の指標として提出することができる。学生調査データを分析するのが IR 部門であることは前述したが，自大学で独自の学生調査を開発するには，時間やコストもかかり，かつベンチマーキングすることは難しい。そこで，信頼度も高く，研究上でも実績のある標準的な学生調査をアセスメントとして利用することが一般的な動向だ。そこで，現在多くが利用している標準的なアセスメントの代表例を示してみる。

CIRP（Cooperative Institutional Research Program 新入生調査）は UCLA（カリフォルニア大学ロサンゼルス校）のアスティン名誉教授によって 1966 年に開発された新入生用の調査であり，本調査への高等教育機関の参加率は極めて高い。2007 年には全米 536 校から 37 万人の学生が調査に参加している。40 年以上の歴史があることから，継続データも蓄積され，大学生の時間軸での変化を追いかけることも可能である。CIRP 新入生調査の上級生版が UCLA による CSS（College Senior Survey）である。CSS は，4 年生または 3 年生のアセスメントとして使用され，CIRP 新入生調査と組み合わせることで，1 年生から 4 年生までの期間での学生の成長や大学の環境の効果が測定できるように設計されている。

さらに学生の学習行動，大学での経験，学習・生活習慣，成果等を測定す

る代表的なアセスメントとしては，NSSE（National Survey of Student Engagement）がある。NSSE はアスティン名誉教授をはじめクー，イーウェル，チカリング，ガードナー等高等教育の著名研究者が関わっており，現在はインディアナ大学ブルーミントン校にある中等後教育研究センターが管理運営している。この調査への大学の参加率も高く，2007 年度では，全米とカナダの大学 610 校から 31 万人が参加している。

学生調査の利用方法

次に学生調査の利用方法を示してみる。CIRP 新入生調査と CSS 上級生調査を管理しているのが UCLA 高等教育研究所（HERI Higher Education Research Institute）である。

http://www.gseis.ucla.edu/heri/index.php

http://www.gseis.ucla.edu/heri/index.php

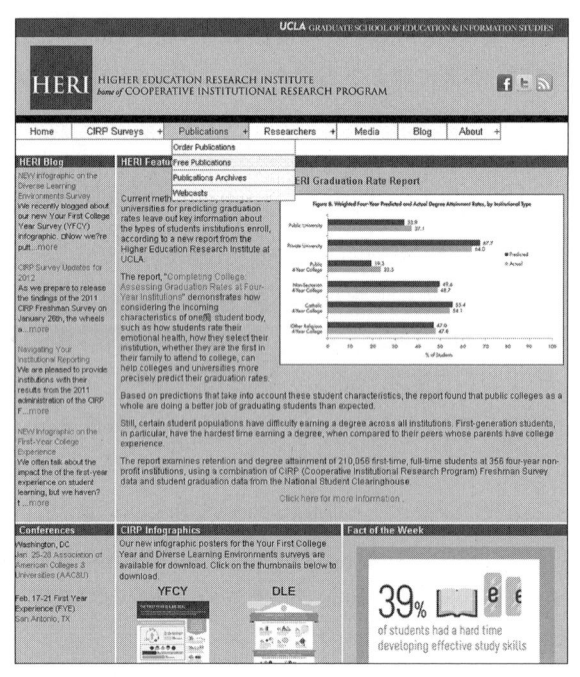

学生調査への参加は課金システムを基本としている。大学の規模，すなわち学生数に応じて課金システムが構築されており，参加した大学は，自大学のデータ，詳細な分析レポートおよびベンチマーキングとしての類似した大学グループとの比較結果等のレポートを受け取る。IR 部門が受け取ったデータを独自に分析し，教育成果を測定したり，教育課程の改善等のベースライン・データとして利用する。

また，HERI は CIRP 新入生調査や CSS 上級生調査のアーカイブおよびデータベースを構築しているので，各大学は自分の大学の学生への教育効果調査のデータをデータベースから自由に呼び出し，活用することができるだけでなく，経年的な変化の把握も可能になる。オンライン上で，学生調査データの単純集計やクロス集計表が作成できるように設計されているなど簡便なツールも整備されている。

同時に，構築されたデータベースの一部が一般公開されており，用途を明記した申請書を提出することで，研究者が本データを使用し，自らの研究成果へと結びつけることも可能となっている。

日本における IR と学生調査

一方，日本においては，IR は冒頭でも述べたように関心が広がりつつあるとはいえ，萌芽期段階にあるにすぎない。情報・分析の専門家が育成されてきたとはいえない上に，IR 部門を持つ大学は数少ない。また，近年は，教育改善の指標として，中退の防止が多くの大学の重要課題となってきているが，学生生活や大学教育の情報の収集・分析の前提となるような標準的な学生調査がほとんどないのが現状だ。

筆者をはじめとする研究グループは，2004 年から HERI の CSS 上級生調査の日本版および CIRP 新入生調査の日本版を開発し，JCSS（日本版大学生調査），JFS（日本版新入生調査）をそれぞれ 2005 年，2008 年から本格的に立ち上げた。JCSS は 3 年生以上を対象とした上級生版の調査で，様々な側面への満足度，獲得した能力・スキル，大学での経験，学習行動，生活行動，学習時間や生活時間，能力の自己評価，価値観等情緒的，認知的側面を重視

した項目から成り立っている。本調査は，「長期にわたり継続的に実施可能」，「複数の機関が参加し比較することが可能」「学生の追跡調査が可能」「調査項目が豊富で汎用的」といった特徴を備えている。

　JFSは高校時代の経験，学習行動，生活行動，学習時間や生活時間や大学入学後の満足度や価値観等の項目から成り立っており，JFSとJCSSをセットで使用することにより，学生の大学での成長が測定できるように設計している。http://rc-jcirp.doshisha.ac.jp/

　JCSSは2004年，2005年，2007年と実施し，38校1万2000人の学生が参加し，2008年に開発したJFSには164大学・短大から1万9661人が参加している。質問項目は，UCLAのCSS上級生調査およびCIRP新入生調査と比較可能であるだけでなく，日本の実情を考慮した質問項目も組み込んでいる。HERIのようにデータベースをオンライン上で構築し，参加大学のIR部門がオンライン上で情報を入手し，分析するようにはいたっていないが，すでに参加大学には電子媒体でデータを返却し，全体の集計表と各大学の集計を比較できるようにしており，個別大学はこのデータを独自に分析し，

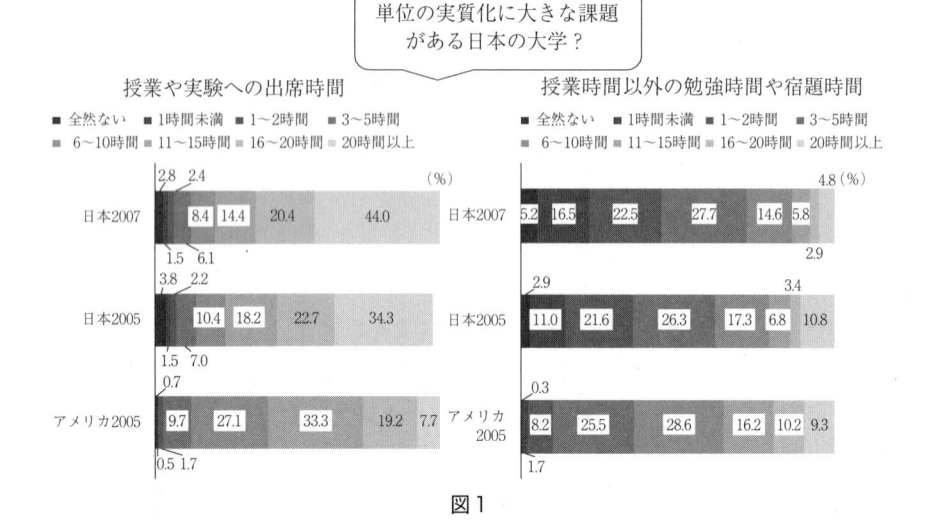

図1

教育改善に役立てることができるので，IRの第一歩になるのではと期待している。

それでは，実際にどのようにデータを読み解くかを全体のデータを使って示してみよう。

http://rc-jcirp.doshisha.ac.jp/kaken/20090327.pdf

図1はJCSS2005, JCSS2007とアメリカ版学生調査(CSS)をベンチマークとして示したものであるが，日本の大学生は授業や実験への出席時間が多いが，授業時間以外の勉強時間や宿題時間がアメリカの学生と比べて短い傾向が見られる。この傾向は継続的データでも短縮されておらず，単位の実質化に大きな課題がある日本の大学の現状が示されている。

同様に図2においても，日本の大学の学生の経験が増加してきていることが継続データから読み取れるが，アメリカの学生よりも学際的な授業の履修や自主的なプロジェクトへの参加が低いことがわかる。また，日本の学生は授業後に熱心にクラスメートと授業の内容について話す度合いがアメリカの学生よりも高いが，授業につまらなさを感じる度合いも概して高いことがわ

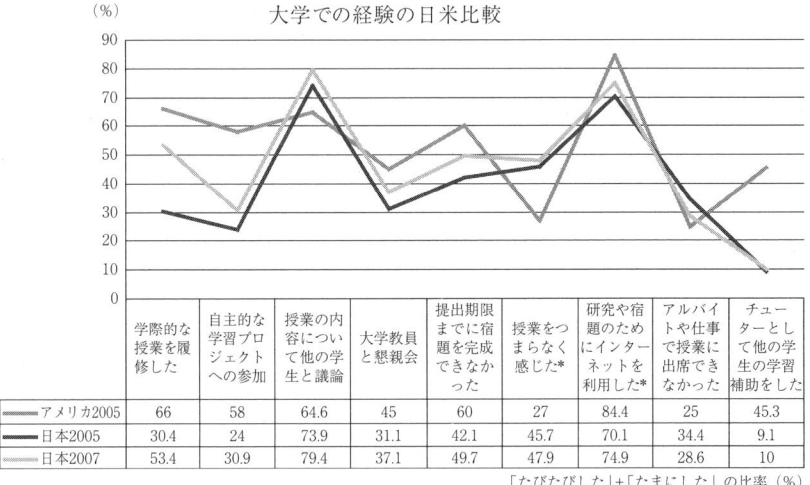

大学での経験の日米比較

	学際的な授業を履修した	自主的な学習プロジェクトへの参加	授業の内容について他の学生と議論	大学教員と懇親会	提出期限までに宿題を完成できなかった	授業をつまらなく感じた*	研究や宿題のためにインターネットを利用した*	アルバイトや仕事で授業に出席できなかった	チューターとして他の学生の学習補助をした
アメリカ2005	66	58	64.6	45	60	27	84.4	25	45.3
日本2005	30.4	24	73.9	31.1	42.1	45.7	70.1	34.4	9.1
日本2007	53.4	30.9	79.4	37.1	49.7	47.9	74.9	28.6	10

「たびたびした」+「たまにした」の比率（%）
＊は「たびたびした」の比率（%）

図2

かる。このことから，日本の大学の教員のFDが必要であると推察できる。

過去の学生調査データを利用して，IRとしての分析と使い方を示したが，このように学生調査に参加した大学がデータを分析し，自己点検・評価を実施し，各々の「学位授与の方針」「課程編成・実施の方針」「入学者受け入れの方針」の明確化に取り組むことができる。

現在，IRをより実質化する学生調査データベースの構築はまだできていないが，今後継続してデータを蓄積し，データベースが構築されることにより，IRは進展できると期待している。日本においても，大学における教育改善の焦点化とFD活動等の充実という文脈において，関連情報の収集と分析とがどのような組織によって担当され，どのようなフィードバックの構図に位置づけられているかが今後のIRの発展の鍵を握るのではないだろうか。

14 アメリカの高等教育の情報公開の現状
――透明性にもとづく情報公表の方法

日本における情報公開の議論

　2009年から2010年にかけての中央教育審議会・大学分科会では，情報公開が喫緊の課題として取り上げられた。情報の積極的な公表に関しては，学校教育法第113条において，「大学は，教育研究の成果の普及及び活用の促進に資するため，その教育研究活動の状況を公表するものとする」とあり，大学設置基準の第2条でも，積極的に情報を提供することが規定されている。確かに，2008年度の文部科学省の調査によると，大学のホームページの開設状況は100％に上っているという。しかし，教員数や学生数，シラバス，教育の状況については情報の掲載の体裁が多様であるだけでなく，基本的な情報も掲載されていない大学もあるという。また，自己点検・評価の結果公表についても，公表が求められているものの，結果を公表していない大学もあるそうだ。

　一方，学生，高校生，保護者，社会全般を含めたステークホルダーによりわかりやすく，かつ他の大学とも比較可能になるような形で情報を公開すべきであるという意見も少なくない。こうした議論からアカウンタビリティという問題をもはや避けて通れない環境に大学が置かれていることが見えてくる。

スペリングス・レポートでのデータベースをめぐる議論

　それでは，アメリカの大学の情報公開の状況はどうだろうか。本章では，情報公開をキーワードにアメリカの高等教育機関の状況を見ていく。アメリカの情報公開は，高等教育機関全体としての情報公開の統一性と，個別大学における個々の情報公開の状況という2つの視点から見渡すことが肝要であ

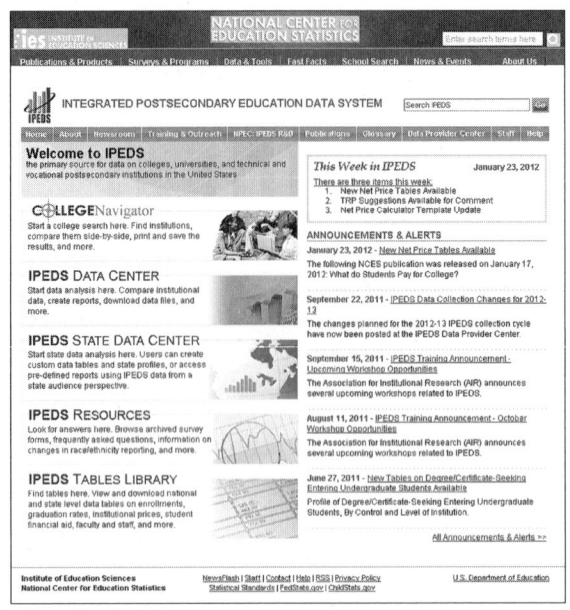

http://www.nces.ed.gov/ipeds

　る。全米の高等教育機関等をデータ収集の対象としているのが包括的なデータベースシステム，IPEDS（Integrated Postsecondary Education Data System）である。IPEDSに対しては，個々の高等教育機関がもし連邦政府の奨学金プログラム等に申請するとすれば，データ提出が実質上義務づけられていることは前章ですでに説明した。

http://www.nces.ed.gov/ipeds

　IPEDSに提出するデータは，機関特性，学位レベル別の修了者数データ，在籍者数，授業時間数，フルタイム換算の在学者数，人的資源，在籍者の状況，財務面，学生への資金援助，卒業率などである。財務面では，例えば，各大学は資金源ごとの収入，活動ごとの支出，施設，負債，基金などの財務情報を提出する。個別機関は，IPEDSデータベースから，ベンチマークとして類似機関と比較することもできる。

　IPEDSに提出するデータを処理する部門は，IR（機関研究もしくは大学機

関調査)と呼ばれる部門であり，IR部門の担当者がデータの取り扱い，提出，IPEDSデータベースの使用方法などについて学会が開催するワークショップで学び，データ処理やデータベースを利用している。そういった点で，IPEDSはどちらかというとIR担当者等専門家向けのデータベースであるため，一般の学生，高校生，保護者そして社会全般のステークホルダーには使いにくく，わかりにくいという批判もされてきた。

そうした批判の象徴ともいえる出来事が，2006年9月に公表された教育省長官マーガレット・スペリングスによるスペリングス・レポートであった (A Test of Leadership: Charting the Future of U. S. Higher Education)。スペリングス・レポートでは，アクセス，アフォーダビリティ，アカウンタビリティという3つのキーワードを掲げ，高等教育システムの改革を推し進めることを企図していた。アクセスは，高等教育機会の拡大を意味しており，アフォーダビリティは，高等教育のコストに関係した概念である。そしてアカウンタビリティが，情報公開，そして拡大する高等教育予算に対して学生の学習成果を目に見える形で示すことの前提となる概念としてレポートのなかで示されている。

アメリカでは情報公開をTransparency(透明性)という言葉で表現しており，透明性には誰にもわかりやすい内容で示すという意味がある。情報公開を，学生，高校生，保護者，そして社会全般が理解できる内容で，かつ高等教育機関ごとに比較できるように示すことを求めたのがスペリングス・レポートであった。

The College Portrait

レポートに応えて，構築されたデータベースが，2007年12月より開始したVoluntary System of Accountability(VSA)のThe College Portraitである。
http://www.collegeportraits.org/

VSAは公立の4年制大学が参加しているデータベースであり，The College Portraitと呼称される共通のフォーマットによるウェブ上のレポートで，学士課程教育段階の基本的で比較可能なデータを，学生，高校生，保

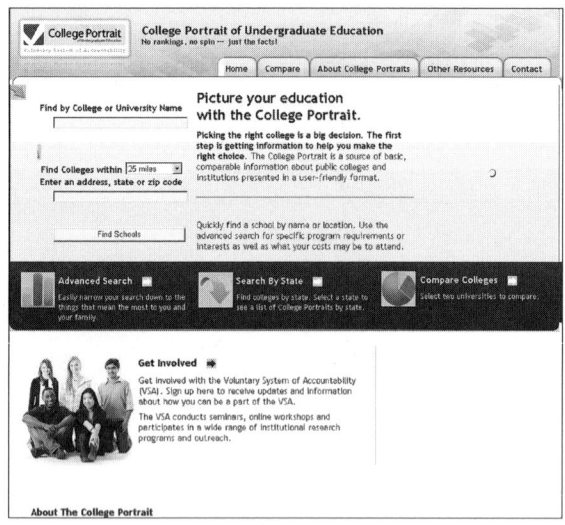

http://www.collegeportraits.org/

護者を含む社会全般に提供するために開発された。

　アメリカ州立大学協議会(American Association of State Colleges and Universities 以下 AASCU)とアメリカ州立大学・土地付与大学協議会(the Association of Public and Land-grant Universities 以下 APLU)の学長，学部長等の関係者が VSA データベースの開発と構築に関わった。現在は上記の2つの協議会が運営している。主な機能は，①高校生が大学選択をしやすいツールを提供，②透明性のある，比較可能で，理解しやすい情報を掲載，③公共へのアカウンタビリティに対応，④効果的な教育実践を把握し高めるための教育成果を測定といった4点にまとめられる。

　AASCU と APLU への加盟校数は 500 ほどであるが，加盟校のうち，現在は約 300 校が The College Portrait に参加している。

　次に，The College Portrait にはどのような情報が提供され，機関ごとの比較はどの程度わかりやすいかを検証してみよう。州立大学，特に前身が土地付与大学によるデータベースが前提であるため，機関ごとの比較といった場合に，同じ州立大学システムに属している大学同士の比較が最も基本的な

128　　第3部　質の保証に向けての多様な制度とアセスメント

使い方になる。例えば、カリフォルニア州の場合には、マスタープランにより、州立大学システムは、UCシステム(研究大学)を頂点に、CSUシステム、コミュニティ・カレッジシステムの3層構造である。州立大学とは別に、スタンフォード大学、ポモナカレッジ、南カリフォルニア大学、クレアモントカレッジ、ペパーダイン大学などの私立大学が別途存在している。しかし、CSUシステム所属の州立大学だけがThe College Portraitに参加しているため、カリフォルニア州内の場合は、CSU間だけ情報の比較しかできない。もちろん、他州の州立大学との比較は可能であるが、アメリカの場合、州立大学は州予算によって基本的には運営されており、かつ州民学生の学費と州外学生の学費の設定が異なることから(州外学生の学費は州民としての資格を得るまでは、高額に設定されている)、一般的には州立大学に進学する高校生の大多数は同一州内出身者である(もちろん、トップレベルの州立の研究大学に進学する場合は他州に進学する場合も多々ある)。したがって、最も簡便な使い方は同一州内での比較ということになる。

情報は大きく三つに分類される。第一は学生や保護者にとっての基本的な情報であり、在学生情報、卒業率やリテンション率、授業料や奨学金情報、入試情報、取得学位、学位プログラム、生活コストや生活環境、キャンパスの安全状況、卒業後の進路、カーネギー分類による機関情報から構成されている。

第二は、学生の経験の状況調査や満足度などの意識調査結果をまとめたレポートから成り立っている項目だが、共通の調査としてNational Survey of Student Engagement(以下NSSE)という学生調査が共通調査として利用されている。NSSEは、ジョージ・クー博士たちが中心となって開発し、現在インディアナ大学ブルーミントン校の中等後教育研究センターが運営管理している学生調査であるが、学生の経験や学習時間、満足度などの項目から成り立っている間接評価として多くの高等教育機関で利用され、結果を教育改善のために活かしてきた信頼性、妥当性の高い調査である。

第三は、学生の学習成果に関しての情報である。実は、この学生の学習成果の情報の透明性はスペリングス・レポートからの強い圧力が加えられた点

でもあった。スペリングス・レポートでは，大学の4年間の学習成果の指標として標準テストの導入と標準テストによる測定結果を公表することが高等教育機関のアカウンタビリティであるとし，それを提言したのである。その結果，アメリカの高等教育機関では，より具体的かつ明確な成果を示すことがアカウンタビリティとされ，地域基準協会も個別の機関に対して学習成果を何らかの指標を用いて明示することを要求するようになっている。The College Portrait 参加大学はこの学習成果に CLA (Collegiate Learning Assessment)と呼ばれる標準試験を共通のフォーマットとして用いて，その結果を公表している。CLA は大学で学んだ成果を標準的に測定し，大学間での比較を可能にするような測定ツールとして開発された標準試験であり，「クリティカル・シンキング」「分析的理由づけ」「問題解決」「文章表現」を包摂した包括的な能力を測定することを目的として開発された。本データベース上では，大学間での教育効果を比較するために，低学年時に CLA を受けた学生に上級学年時にも再度 CLA を受けさせるという「value added」方式を導入し，一定の期間での得点の伸長を測定し，その結果を公表している。学生個人の伸びを測定することが目的ではなく，機関の教育力を測定することが目的である。

CSU ノースリッジ校と CSU ロングビーチ校の比較[4]

カリフォルニア州立大学ノースリッジ校と同大学ロングビーチ校を比較してみよう。実は，筆者自身，市販の入試情報広報誌や大学ランキングブックには，2大学の入学難易度などは「同程度」という情報が掲載されているため，本データベースにアクセスしてみるまでは，差異はないと予想していた。

ノースリッジ校(http://www.collegeportraits.org/CA/CSUN)を見てみよう。2002年度入学のフルタイム新入生の 79% が4年後に卒業しているか，4年後にまだ履修中であることが示されている。Success & Progress Rate Table を開いてみると，ノースリッジ校のフルタイム学生の中から，2007-08年度においてノースリッジ校の学位を取得して卒業する率は，46%，他の4年制大学に編入し，編入先大学の学位を取得する率は 4.3%，2年制

の短期大学の学位を取得して卒業する率は，1.2%，総計51.5%という表が掲載されている。2007年のフルタイム新入生が2008年に残留した比率は74%である。

　2008年度新入生の入試実績を見てみると，出願者は2万3298人，合格者は1万7411人，実際の入学者は4625人である。高校時代のGPA (Grade Point Average) 平均は3.08 (出願者全体であるのか，合格者のみを対象かは明記されていないので不明)，高校時代の成績が上位25%の学生比率は3%，上位50%までの学生は97%となっている (出願者全体であるのか，合格者のみを対象かは明記されていないので不明)。

　次に，学習成果の獲得状況を見る。ノースリッジ校では，2つの標準試験を1年次と4年次に実施し，その間の学生の学力・スキルの獲得度を測定している。CLAのa performance taskテストの1年次の平均は970点，4年次の平均は1068点，記述式の作文試験の得点平均は，1年次1043点，4年次1285点である。SATと呼ばれる大学進学適性試験も1年次および4年次に受験させているが，その得点平均はそれぞれ910点と978点である。

　次に，ロングビーチ校の状況を同じ項目について見てみよう。

http://www.collegeportraits.org/CA/CSULB/undergrad_success

　2002年度入学のフルタイム新入生の90%が4年後に卒業しているか，4年後にまだ履修中であることが示されている。ノースリッジ校と比べるとその比率は高いが，このロングビーチ校では卒業者比率よりも，在籍して授業を履修している学生の比率が圧倒的に高いことをグラフが示している。次に，Success & Progress Rate Tableを開いてみると，フルタイム学生の中から，2007-08年度においてロングビーチ校の学位を取得して卒業する率は，55.8%，他の4年制大学に編入してその大学の学位を取得する率は4.1%，2年制の短期大学の学位を取得して卒業する率は，約1%となっており，ノースリッジ校よりも，在籍している大学での学位を取得して卒業する比率が約10%ポイントほど高いことがわかる。2007年のフルタイム新入生が2008年に残留した比率は86%であり，この比率もノースリッジ校よりもかなり高い。

2008年度新入生に関しての入試実績を見てみると，出願者は4万8542人，合格者は2万391人，実際の入学者は4606人である。合格率はノースリッジ校よりはかなり低く，選抜度は高いともみることができる一方で，入学者数はそれほどノースリッジ校と変わらない。他の大学を第一志望として，本大学を第二志望としている学生が多いのかもしれない。高校時代のGPA平均は3.37，高校時代の成績が上位25%の学生比率は84%，上位50%までの学生は100%となっていることから，かなり高校時代の成績上位群が出願あるいは合格しているともいえる(いずれの数値も出願者全体であるのか，合格者のみを対象かは明記されていないので不明)。

　それでは，学習成果の獲得状況について見てみよう。CLAのa performance taskテストの1年次の平均は1138点，4年次の平均は1210点，記述式の作文試験の得点平均は，1年次1177点，4年次1232点である。SATと呼ばれる大学進学適性試験も1年次および4年次に受験させているが，その得点平均はそれぞれ1055点と1032点である。

　このように同じ州立大学に所属する分校であっても，入学者のプロフィールを見るとロングビーチ校の新入生がノースリッジ校の新入生よりも高校時代の学業成績や入学時点での標準試験の結果も高いことが示されている。しかし，入学時の学力やスキルが4年次にどう変化しているのかを測定することによる学習成果という視点で2校を比較すると別の結果が見えてくる。

　両大学の1年生と4年生のCLAの得点結果を見る限りは，両大学とも4年生の得点の方が高い。CLAは一般教育で身につけるべき能力や技能を測定する標準試験であるから，それなりの効果が上がっていると受け止めることは可能である。入学時の学力はロングビーチ校の学生の方が高いが，伸び率はノースリッジ校の方が高い。特に，文章表現力の得点に顕著に表れている。また，SATの得点については，1年次および4年次の平均点数自体がロングビーチ校の方が高いが，ロングビーチ校では入学時よりも，4年次の得点が下がっていることがわかる。こうしてみると，一見，入学してくる学生の学力はロングビーチ校の方が高いが，大学での教育の効果が表れているのはノースリッジ校であるとも見ることができる。

しかし，両校ともに(すべての参加校も同様に)受験者を厳密に管理していないため，1年次に受けた学生が4年次にすべてCLAやSATを受験しているわけではない。また，全体学生数の何％に当たる学生がこうした2種類の標準試験を受験しているかというデータは明らかにされていない。したがって，データベース上のデータから，いずれの大学の教育力が優れ，学習成果が上がっているのか，あるいはCLAやSATテストの信頼性や妥当性の検証に結びついているということは判断できない。とはいえ，ランキング誌や入試情報誌の情報をベースに2校は同レベルであると予想していたが，本データベースを使って比較してみると，異なるプロフィールを知ることができた。そういう意味では，わかりやすい情報データベースであるといえるだろう。

　しかし看過できない重要な点がある。すでに読者は気づかれているかと思うが，データベースには，教育を中心に据える州立大学と前身がランドグラント大学のみが現在参加していることである。参加校の中には，ノースカロライナ州立大学チャペルヒル校やウィスコンシン州立大学マジソン校といったトップの研究大学も参加しているが，参加校の大多数は大衆化を担ってきた州立大学である。

　私立大学や威信度の高い州立研究大学はこのデータベースには参加していないだけでなく，CLAといった標準試験を学習成果の測定ツールとして利用していないことも事実である。その意味では，カーネギーの大学分類にもとづいて大学の種別化が進み，かつそうした種別ごとに工夫された学習成果の測定が開発され，データベースも構築されていく可能性も高い。アメリカの情報公開の動向を検討してみると，日本においても，今後の情報公表や学習成果の測定の開発を進める上で，高等教育の種別化に関する議論を避けることはできないという根源的な問題に行き着く。

15 アメリカの大学の入試とアドミッション
──高大接続にもとづいた入学者選抜制度

「高大接続テスト」と問われる入試の意味

　2010年，文部科学省の委託を受けて2年間にわたって調査を進めてきた北海道大学の調査研究委員会が，「高大接続テスト」の在り方についての最終報告書をまとめた。「高大接続テスト」とは，入試など選抜機能を大きな目的とするテストとは異なり，個々の生徒の学習達成度を基準にし，内容は，基礎的教科・科目全般については，教科書に記載されている基本的問題をベースに出題がなされるというテストである。センター入試テストは，年1回だけしか受験できないが，「高大接続テスト」は年複数回の受験が可能となっており，かつ，素点ではなく，達成度をスコアで示されるので，高校生が目標を立てて，達成していくといった活用もできるという。

　「高大接続テスト」が俎上に上ってきた背景としては，大学進学率が50%を超えたユニバーサル化時代において，従来の入試の意味が問い直されてきたことが大きい。入試選抜が一部を除いて，機能しなくなりつつあるにもかかわらず，高校までの学力を適切に把握する装置が開発されていないということが要因の一つでもある。つまり，従来の日本では，高校教育と大学教育の接続は大学入試のみに依存してきたが，それが今や機能する比率が極端に下がってきているということである。一方で，「高大接続テスト」に限らず，高大接続といえば，高校教育と大学教育の内容や教授法までも含む概念にもなってきている。アメリカのAP（Advanced Placement）科目やAP科目試験などがそうした高大接続の代表的な事例であるが，日本ではまだまだこの概念の普及はなされていない。

　さて，新しい「高大接続テスト」が参考にしたテストとして，アメリカのSAT（Scholastic Aptitude Tests 大学進学適性試験）やACT（American

College Testing アメリカ大学入学テスト)がある。「高大接続テスト」が実際に導入されるようになるまでには，時間もかかり，また乗り越えるべき課題は多いと思われるが，選抜という側面だけで従来語られてきた大学と高校の接続を入試という切り口から到達度や大学での準備という視点から見るテストの開発は今後の高校教育と大学教育の実質的な接続への第一歩として期待できる。

　本章では，「高大接続テスト」が参考にしているアメリカの大学に入学するために利用されている SAT や ACT を紹介し，次にアメリカの大学でのアドミッション(入試)がどのように行われているかを見ていくことにしたい。

SAT と ACT

　SAT と ACT の特徴は，前者がどちらかといえば，伝統的な大学を保持するための試験であり，後者は大衆化した状況に対応した試験であるとされている。つまり，ACT は，多様な志願者の学力特性を測って，適合する大学教育のプログラムを探し出し推薦することにより，大学進学者と大学のマッチング機能も果たしている。

　SAT には SAT Reasoning テスト(以下 SAT 推論テストとする)と SAT 科目別テストの2種類がある。かつては，多くの大学が入学志願者に提出を求めていたのは，SAT 推論テストの方であったが，最近では推論テストに加えて，科目別テストの受験をアドミッションの要件としている大学も増加しているという。SAT 推論テストは，「数学」「読解」「文法＋エッセイ」の3分野から成り立っており，それぞれが800点満点で合計2400点になるように設計されている。

　SAT 推論テストはカリキュラムとは関係のない進学適性テストであり，中等教育を修了した者であれば誰もが受験できることから，進学予備軍をつくり出さないという特徴を伴っている。SAT 科目テストは英語，数学，科学，社会，言語などの各専門教科のテストが1時間以内で終了するように設計されている。

http://sat.collegeboard.org/about-tests/sat-subject-tests

アメリカにおける入試は，高等教育が大衆化するにつれて，様々な改革が行われてきた。例えば，1950年から60年代にかけては，SATは選抜型試験として機能していた。しかし，高等教育が大衆化していくなかで，SAT受験者の得点が下がり続けることとなり，基礎学力試験としてSAT Iが誕生するようになった。1994年にSATは，SAT Iと推論力を測定するSAT IIの2種類から成るテストに複線化された。2002年には知能検査的項目を言語，数学テストから削除して，作文力テストが付加された。こうした改革を経て，現在，SATは到達度評価型試験として位置づけられている。

一方ACTの方も1989年の改革以降，高校での学習到達度の測定から大学での学習に必要となる能力の測定が基本的な目的になるなど，その機能は変化してきており，高大接続という観点からテストの中身が構成されるようになってきている。その結果，英語では作文，社会では読解，数学では論理的な思考力と推論力，理科では科学的な推論力の測定が重視されるようになった。また，1990年代からアメリカの多くの州では，教育段階に応じて学習目標となる教育スタンダードを示し，それに準拠する進級テストによって生徒たちの到達度評価が実施されるようになった。この動向にも高大接続という視点が反映されている。つまり，高校教育では，入試のための受験勉強よりも，大学で教育を受けるための準備としての教育がより重要視されるようになったという次第である。

1990年代には，新たな入学者選抜方法として入学スタンダードを設定する大学も登場した。この入学スタンダードとは，コンピテンシーやプロフィシェンシーという能力概念で表され，大学入学に必要な能力を大学側が示す仕組みであり，その内容は，高校までに身につけた能力を基準としている。特に，フロリダ州やオレゴン州の大学で普及してきている。

アメリカのアドミッション選考のプロセス

ここまで紹介した内容は，SATやACTなど大学入学に際して必要なテストである。しかし，アメリカの大学では，1回だけのテストの結果によって入学が決定されるのではない。SATやACTの受験に関しても，高校生

はおおよそ入学の書類を提出する1年前の高校2年生ぐらいから複数回テストを受験することができ，最高得点を志望大学に直接テスト運営団体を通じて送ることが可能となっている。さらに，アメリカの入試はこうしたテストだけでなく，一連の応募書類や高校時代の成績や履修した科目状況等の総合審査から成り立っていることが重要な点である。

それでは，実際にアメリカの大学のアドミッション（入学）に必要な要件は何であろうか。具体的には，①高校時代の大学準備科目すなわち大学が高校時代の履修要件として求めている科目の成績(GPA)や全科目の成績(GPA)，②SATもしくはACTの成績，③エッセイ（小論文，作文），④高校教員等からの推薦書，⑤課外活動，仕事，アルバイト経験などの一連の書類の提出，⑥場合によってアドミッション担当者による面接が付加される。また，親が志望する大学の卒業生であることなども入学を認める重要なポイントとなる場合もある。このように，複合的な要素から判断され，入学が決定されることがアメリカのアドミッションの特徴であるとまとめられよう。それでは，大学側が求めている学生像と入学要件について，個別大学を事例として見てみよう。

カリフォルニア大学ロサンゼルス校

カリフォルニア大学ロサンゼルス校(以下UCLA)の2011年度からの新入生に関するアドミッション・ポリシーとその要件は以下のサイトに示されている。

http://www.admissions.ucla.edu/Prospect/Adm_fr/FrSel.htm

UCLAは，多数の入学志願者が応募する競争率の高い州立大学の一つである。アドミッション・ポリシーには，学業の優秀な高校生が前提条件として示されているが，同時に，大学が求めている学生像として，「知的好奇心が強い」「粘り強い」，そして「コミュニティへの貢献ができる」ことが明示されている。つまり，このようなタイプの学生が入学することによって，UCLAが創造したい「力強い学びのコミュニティ」を作り上げていくことにもつながるという考え方が根底にある。それゆえ，SATもしくはACT http://www.admissions.ucla.edu/Prospect/Adm_fr/FrSel.htm

の成績はアドミッションの選考プロセスにおいて不可欠ではあるが，すべてではなく，様々な要素を総合的に勘案して入学者を選ぶことが明確なポリシーとして伝えられている。

　次に，入学者選考のプロセスを見てみよう。日本の一般入試では，学力試験による選抜が主であることから，基本的に人物を面接で見ることは行われずに，こうした人物評定は，推薦やAO入試に限られている。一方，アメリカの大学の入学者選考のプロセスでは，学業と人物の両方を見ることが一般的である。UCLAでも，アドミッションに携わる専門担当者によって，応募書類すべてが2度熟読される。書類の熟読と分析が終わると，専門担当者によって総合的なスコアがつけられ，このスコアが合格か不合格かの基準となる。一連の選考プロセスにおいては，アドミッション部門の責任者が2重チェックを行い，質の保証にも十分注意が払われている。

　高校時代の大学準備科目の成績(GPA)や単位数においては，以下の科目の履修が大学入学に際しての必要条件となっている。①2年間にわたっての歴史と社会科学科目の履修，②4年間にわたる英語科目の履修，③3年間もしくは4年間を通じての数学科目の履修，④2年間もしくは3年間を通じて

の科学(実験を含む)科目の履修、⑤2年間もしくは3年間を通じての外国語科目の履修、⑥1年間のダンス、演劇、音楽などの芸術科目の履修、⑦上記以外の大学準備選択科目の1年間の履修である。とりわけ、4年生(日本での高校3年生)時点で履修した科目が精査され、オナーズ科目の履修や、AP (Advanced Placement)科目の履修、AP科目試験の点数、国際バカロレアHigher Levelの履修と試験の点数なども吟味されるようになっている。高校での成績がトップ4%以内であることも入学志願の際の前提条件とされている。

一方、伝統的な学業成績の測定だけでは測ることのできないリーダーシップ能力、性格、動機づけ、粘り強さ、独自性、創造性、独立性、責任感、洞察力、成熟度、他者やコミュニティへの関心、さらには、大学というコミュニティや学生集団、教授陣との交流などにいかに適応できるか、貢献することの可能性についても、専門家によって書類を通じて精査される。

SATやACTについては、UCLAは、SATの科目テストに関して、英文学、歴史・社会科、数学II、科学、外国語の中から2科目の受験、SAT推論テスト、ACT作文テストも要件として課している。しかし、UCLAでは点数による足切り制度はなく、2012年からの入学志願者からはSATの科目テストの受験を義務づけないことが表明されているなどアドミッションの選考における改革も進められている。

以上のような学業成績やテストのスコアだけでなく、課外活動、具体的には、芸術やスポーツ等での業績、仕事、アルバイト経験、高校生徒活動、コミュニティ活動も人物を総合的に判断するための要素として重要視されている。そのため、パーソナル・ステートメントというエッセイの提出が求められるが、実は、このパーソナル・ステートメントは、入学選考のプロセスにおいて重要な位置を占めている。パーソナル・ステートメントでは、自分の背景や今までにやり遂げてきた事象、挑戦、そして経験などをコンパクトにまとめるだけでなく、そのエッセイを通じて、知性、個性、そして将来性などがアドミッション担当の専門家に伝わるように書かねばならない。そのため、多くの高校生はこのエッセイ作成に過大な時間を費やすという。

オレゴン州立大学

　オレゴン州立大学のアドミッション・ポリシーには，学業の優秀さに加えて，モティベーションが高く，創造性とリーダーシップを備え，異文化への理解が深く，そして他者へのサービスができる人物が，求める学生像として掲げられている。UCLA 同様に学業成績関連書類に加えて，様々な入学書類の提出が求められ，アドミッションの選考プロセスを通じて，総合的に精査され，合格が決定される。オレゴン州立大学は，標準テストについては，入学志願者に SAT 推論テストや ACT 作文テストの結果の提出を課している。

　オレゴン州立大学においても，高校時代の大学準備科目の成績(GPA)や履修において，特に，次の科目の履修が大学入学に際しての必要条件となっている。具体的には，①3年間にわたっての社会科科目の履修，②4年間にわたる英語科目の履修，③3年間を通じての数学科目の履修，④2年間を通じての科学科目の履修，⑤2年間を通じての外国語科目の履修である。また，AP 科目の履修や国際バカロレア履修なども UCLA 同様に重視されている。

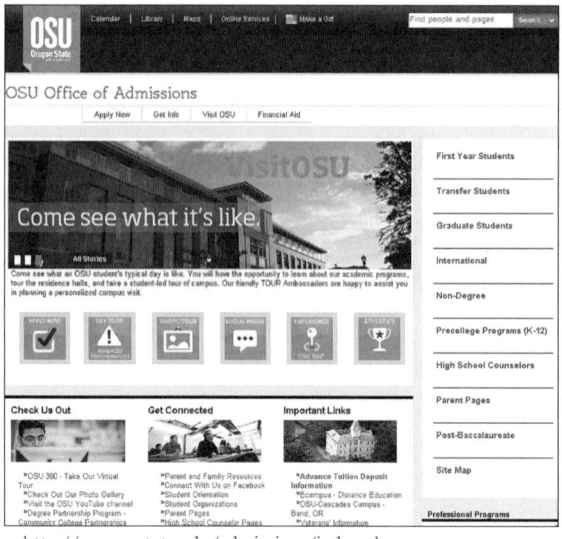

http://oregonstate.edu/admissions/index.php

オレゴン州は前述したコンピテンシーやプロフィシエンシーという能力概念で入学スタンダードを示している州という特徴が入学要件にも表れている。つまり，高校教育との接続を意識した到達度試験が開発，実施されており，その試験であるオレゴン PASS (Proficiency-based Admission Standards Study)の成績や大学での科目の履修なども勘案されているなど，高大接続の部分が明確な特徴として浮かび上がっているといえよう。

　入学に際しては，必修 14 科目の累積 GPA が最低 3.0 以上であることが学業成績の基準として明示され，クラスでの成績順位や SAT の推論テストや ACT のスコアも勘案される。もちろん，志願者の個性や課外活動経験や業績などを効果的にまとめたパーソナル・ステートメントの提出が求められ，一連の提出書類をベースに総合的に入学の合否が判断される。

　http://oregonstate.edu/admissions/index.php

数か月かけて高校の学習到達度を審査

　UCLA やオレゴン州立大学に限らず，多くの大学のアドミッションの要件や選考プロセスはほぼ同様であるが，フロリダ州立大学の場合は，前年度の実績から合格者の基準である高校の成績や SAT 推論テストや ACT 作文テストの得点に関する具体的な基準が明示されているのが特徴である。例えば，2010 年の実績から，合格者の GPA は 3.5〜4.1，ACT 作文テストの点数は，25〜29 点，SAT 推論テストの得点は 1720 点〜1940 点と示されているので，志願者は合格ラインを予想することができ，進学準備段階での目標を設定しやすいという利点がある。

　また，出願する大学にもよるが，専攻(major)を明記しないで，出願できる大学が多いこともアメリカのアドミッションの特徴でもある。つまり，大学 1〜2 年生の間は一部の専攻(工学，物理等)を除けば，文科系も理科系も一般教養科目を履修し，3 年に進級する前に専攻を決定するという遅い決定(late decision)という制度がアドミッションにも反映されている次第である。

　ここまでアメリカの大学のアドミッションのプロセスや基準を見てきたが，一般入試，推薦入試，AO 入試を含めても比較的短期間で結果が出る日本の

入試とは異なり，多数の書類にもとづき，数ヵ月かけて大学側で審査するのがアメリカの大学のアドミッションの選考プロセスの特徴であり，また，それらは，テストだけに限らず，高校時代に履修した科目の内容や到達度にも深く関連していることから，高大接続がアメリカのアドミッションの基本であるとまとめられる。言い換えれば，入試に関しては，高校入学後に，比較的早期から理系・文系というクラスに分かれて，履修する科目の内容が異なり，また予備校や塾で受験に特化した科目の試験準備に時間を費やす日本の高校生や高校の実態とは共通点が少ないといえるだろう。

16 アメリカの大学の学費と奨学金の関係
―― 高騰する学費を視野に入れた奨学金政策

はじめに

　日本における不況が長引くなか，教育費は家計にますます重い負担となりつつある。とりわけ，大学教育にかかる費用は高く，数百万から千万単位も決して誇張ではない。授業料の負担も大きく，近年は奨学金という形式でのローンを利用する学生も急増しているという。今後は，授業料と奨学金をどうするかということは政策的にも重要な課題であると指摘されている。

　さて，アメリカの大学の授業料も決して低くはない。むしろ，私立の有名大学の高額の授業料が話題になることが多い。本章では，アメリカの大学の授業料と奨学金について見ていくことにしよう。

ペルグラント（給付型奨学金）とローン（貸与型奨学金）

　奨学金は学生支援制度とも言い換えられるが，アメリカの大学の学生支援制度は複雑に構築されたシステムではあるが，高度に発展しているとよく指摘される。アメリカでは，公立・私立大学を含めて，近年授業料の高騰が続いてきている一方で，学生支援制度にも力が注がれてきた。

　学生支援の形態は給付型奨学金と貸与型奨学金に大きく分けられるが，給付型奨学金は，経済的必要性に応じて給付されるニードベースのグラントと成績やスポーツ等の優秀性に応じて給付されるメリットベースのスカラーシップから成り立っている。奨学金を給付する主体としては，連邦政府，州政府，各大学，財団等複数に分かれる。給付型の奨学金として最も著名なものとして，ペル奨学金（Pell Grant 以下ペルグラント）がある。ペルグラントは，経済的必要性にもとづく完全給付型の奨学金であり，総額，受給対象者も最大の最も大きな奨学金である。ペルグラントの補助として大学が受給対象者

を決定する Supplemental Educational Opportunity Grant (SEOG) があるが，この奨学金はキャンパスベースという名称で広く知られている。この奨学金は連邦政府が大学キャンパスを通じてつまり間接的に補助するタイプのもので，ペルグラントを受給している学生が優先的に受給する。キャンパスベースのなかには，ワーク・スタディと呼ばれるものが含まれているが，これは，キャンパス内外の学業に関連した就労の機会を大学が学生に斡旋することを通じて，その給与が奨学金という形式に相当するユニークなものである。

　連邦政府が管理している貸与型奨学金(ローン)の種類も多く，政府保証型ローンの象徴ともいえるスタッフォードローンは，1992年に，当時のクリントン大統領が教育機会の均等を広範囲に実施するという政策理念のもとに設立した新しい種類である。このローンの特徴の一つは，政府が保証することにある。利子については，政府が保証し利子の返済が免除されるタイプと利子の支払いが求められるタイプの2種類がある。借り手の所得制限がないこともスタッフォードローンの特徴でもある。返済の方法も複数あり，様々な返済を組み合わせることが可能といった特徴を併せ持つ。

　政府や州政府関連の奨学金だけでなく，大学独自の奨学金にも様々な種類がある。

　このような豊富な奨学金やローンの背景には，アメリカの高等教育政策が一貫して，機会の平等を謳ってきていることが大いに関係している。その機会の平等という捉え方には日本との間にかなりの差異があることを理解しておかねばならない。日本における機会の平等という概念を典型的に示している例としては，入学試験の平等性が挙げられる。センター入試を例にとると，同じような条件のもとで学生が受験することや採点の厳密性が求められるのも，そうした平等という概念が，日本では試験を受ける機会の平等として一般的に捉えられているからである。一方，アメリカでは，機会の不平等とは，所得などにおいて，家庭的に恵まれない生徒が，そのハンディを理由に十分な教育を受けられないことを意味している。したがって，機会の平等を達成する手段として，奨学金やローンが存在している。ペルグラントは，まさにこうした機会の平等を実現するための手段としての意味として設立されてい

ることから，連邦政府の管理する範疇にある。同様に，政府保証型ローンであるスタッフォードローンも機会の平等を実現する手段であるゆえに，連邦政府が管理している。

http://trends.collegeboard.org

最高の増加率となったペルグラント

　カレッジボードの Trends in Student Aid 2010 を参照しながら，最近の奨学金の動向を見てみる。1999-2000 年度と 2009-10 年度の 10 年間において，グラントベースの奨学金を受給する大学生は平均 4.9% の増加率であること，2009-10 年度におけるペルグラントの増加率は 16% という単年度での最高の増加率を示していることが報告されている。同様に 2009-10 年度において，奨学金を受給しているフルタイム学生の平均受給額は 1 万 1461 ドルになるが，その内訳は，6041 ドルがグラントベース，4883 ドルが連邦政府による貸与型奨学金(ローン)である。グラントベースの奨学金の内訳は，44% が連邦政府，36% が大学独自奨学金，9% が州政府，11% が雇用者や他の民間となっている。

　13 章で取り上げた大学情報データベースである IPEDS (Integrated Postsecondary Education Date System)上に，なぜほとんどの大学が各大学の個別の入学者数，在籍者数，卒業者数，中退率，退学率，卒業率，リテンション率等の情報を提供するのだろうか。その理由としては，情報を提供しない大学には，こうした連邦政府が提供する奨学金(ペルグラント等)を機関として受給できないというペナルティが課せられているため，その機関に在籍しようとする学生に対して奨学金を提供できないことにつながるからである。

　それでは，次に授業料について検討してみよう。近年アメリカの授業料は高騰しているという指摘が多い。実際に，公立大学に比べると，以前から私立大学，特に著名な私立大学の授業料は高額であることは定評があったが，最近では比較的低額であるとされてきた州立大学の授業料の値上がりが目立っている。しかし，アメリカには授業料のディスカウントという言葉がある

ことを忘れてはならない。ここでのディスカウントは授業料を値引き（ディスカウント）するということではなく，奨学金を給付することで，実質授業料が下がることを意味する。つまり，大学によって公式に発表されている学費のことを表示授業料(Sticker Price)と呼ぶが，表示授業料が高額であったとしても，多くの学生は連邦政府のグラントであるペルグラントやキャンパスベース奨学金，あるいは大学独自のメリットベースの奨学金を受給することによって，実質的に学生や親が支払う授業料が低くなることがディスカウントということである。

　実際に，高額な授業料を課しているハーバード大学の学生やスタンフォード大学の学生のすべてが裕福な家庭の出身者ではない。例えば，家庭の所得がある基準を下回る家庭の高校生が入学した場合，ペルグラントだけに限らず，大学独自の奨学金を給付することにより，機会の平等を実現することも行われている。多くの私立大学は多様な財源や豊かな基金を持っているが，基金への寄付の免税率が高いことも豊かな基金を持つことにつながっている。

目立つ州立大学の授業料高騰

　それでは，実質的な授業料と額面での授業料はどのようなものだろうか。アメリカの大学は私立大学，4年制公立大学，2年制公立短期大学に大きく分類される。また，学生に請求する授業料も州民と州民以外では異なっている。そのことを念頭に置いてカレッジボードの Trends in College Pricing 2010 を見てみよう。

http://trends.collegeboard.org/downloads/College_Pricing_2011.pdf

　州民である学生を対象とした公立の4年制大学の公表されている平均授業料は，2010-11年度では平均7605ドルとなっており，前年度より555ドル(7.9%)の上昇となっている。州外出身の学生の授業料は，州内出身学生よりもおおよそ2.5倍程度高額であるが，1年間以上在籍している州立大学に通うと州民としての資格をえることができるために，2年目以降は州民としての授業料を支払うことになる。留学生の授業料は公立大学であっても，高額に設定されており，かつ留学生に与えられる奨学金は決して多くはないが，

それでも高校で優秀な成績を修めた留学生には奨学金を授与する大学も近年増加してきているという。また，入学して1年目に好成績を修めたら，2年目から奨学金を出すという大学も存在している。2年制公立短期大学の公表されている平均授業料は，2713ドルであり，前年度より155ドル(6.0%)の上昇となっている。一方，私立の4年制大学の公表されている2010-11年度の平均授業料は2万7293ドルであり，前年度と比べると1164ドル(4.5%)の上昇率を示している。こうした数字から近年の特徴として，アメリカの大学は高授業料政策をとっているという指摘が妥当であることがわかる。

学生や保護者のためのコスト公表システム

しかし，本当に学生たちはこのような高い授業料を支払っているのだろうか。そこで，実質授業料はどれくらいになるのかという視点から，先ほどのカレッジボードの資料を参照してみよう。ペルグラント等の奨学金額が増加していることから，フルタイム学生が2009-10年度に受給している奨学金は，1100ドル(22%)上昇している。例えば，公立4年制大学に在籍しているフルタイムの学生の平均奨学金受給額は，6100ドルであり，私立4年制大学に在籍しているフルタイム学生の平均奨学金受給額は1万6000ドル，2年制公立短期大学学生の平均奨学金受給額は，3400ドルとなっている。こうした平均奨学金額(給付型と貸与型の両方)を公表されている授業料から差し引いてみると，低所得家庭の学生が実質的に支払う授業料は，それほど高所得家庭の学生と差があるわけではないことがわかる。つまり，低所得家庭出身の学生は，ペルグラントなどの連邦政府による奨学金を給付される割合が高くなり，その結果として実質授業料は高額にはならないのである。授業料が高額であったとしても，それをカバーするだけの奨学金が存在しているということだ。

しかし，こうした公表されている授業料と実質授業料の違いを詳細に理解している学生や親は決して多くない。先述したように，低所得家庭の学生も奨学金を受給すれば大学に進学することも十分に可能であるにもかかわらず，公表されている授業料を見て，あきらめてしまうことが少なくないからであ

る。そこで，連邦政府は2008年8月にHigher Education Opportunity Actという法案を可決した。この法案自体は高等教育の機会に関する法案であるが，そのなかに，授業料に関する条項がある。連邦政府の奨学金プログラムに参加できる資格のある大学，つまり，IPEDSに大学関連情報を提供している大学はすべて，大学のウェブ上に実質授業料額を公表しなければならなくなった。具体的にはNet Price Calculatorというツールを用いて，家庭の収入にもとづいて高校生や保護者がどれくらいの授業料を実質的に支払わなければならないかを計算することを通じて，授業料に関わるコスト情報を公表するという仕掛けである。そして，この公表を通じて，より大学進学の機会の平等を実現しようとする次第である。

　カレッジボードもこうした授業料や奨学金をベースにどれくらいのコストがかかるかを計算するツールであるCalculatorをウェブ上に掲載している。このCalculatorでは，連邦政府の奨学金，大学独自の奨学金，連邦政府と大学独自の奨学金の組み合わせという3つのうちどれかを選択し，そうした奨学金を利用した場合，年間にどれくらいのコストが家庭で必要となるかを自動的に見積もるように設計されている。インプットすべき情報としては，家族構成，全所得，家族構成員別の所得，持ち家のある場合には持ち家の価値，預金等の額，税金控除額等である。こうした情報を入れると最終的なおおよその一年間に支払うコストが見積もられる仕組みになっている。
http://apps.collegeboard.com/fincalc/efc_status.jsp

ポモナカレッジのコスト情報公表

　次に，前述したNet Price CalculatorをHP上に載せている大学を例にどれくらいのコストがかかるかを試しに行ってみよう。カリフォルニア州クレアモントにあるポモナカレッジは，全米でも入学難易度が極めて高い屈指のリベラルアーツ・カレッジの一つである。90%の新入生の高校での学業成績はトップ10%以内となっている。
http://pomona.edu/admissions/
　学生と教員比率は7対1であり，カリキュラムはリベラルアーツを中心に

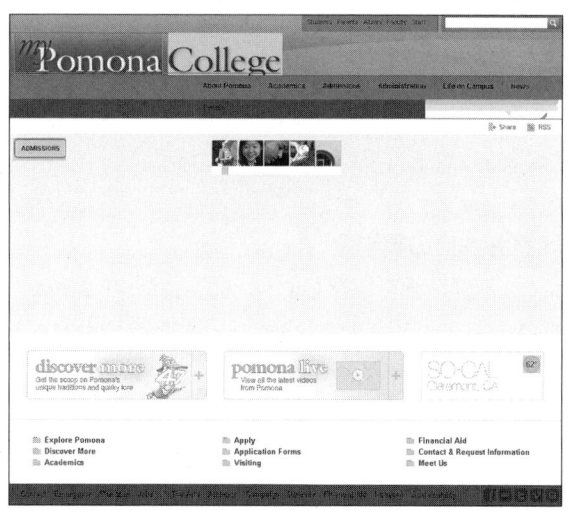

http://pomona.edu/admissions/

組まれ，スタディ・アブロード・プログラムも充実していることもあり，2010-11年度での学費は約3万8400ドル，寮費は1万3000ドルと高額である。しかし，大学独自の奨学金も充実させてきており，約53%の学生が奨学金を受給しており，2010-11年度では，800人以上もの学生が総額2930万ドルのニードベース（給付型）グラントを受給すると予測されていた。2010-11年度の平均奨学金受給額は3万6000ドルほどであるという。

　Net Price Calculatorは，カレッジボードのCalculatorと比べるとより詳細な情報を入れなければならない。入力しなければならない詳細な項目については省略するが，試しに，高校生1人を持つ3人の家族構成，両親ともに働き，おおよその所得は6万ドル，預金は1万ドル，持ち家の価値は20万ドル等といった全米の所得水準でいえば，中の下あたりと想定して計算してみた。すると，4万7000ドルほどの奨学金を受給することができ，1年間にかかる家庭のコストは約8000ドルという見積りが示された。それにキャンパスベースを利用することで，賃金を学内で得ることにより，ネットのコストは5600ドルほどにまで下がることが判明した。事前に正しい奨学金の情報を入手し，それを効果的に利用することで，家計の負担はかなり軽減する

ことは確実であるといえよう。アメリカの高等教育の高授業料は実際そのとおりであるが，政府あるいは大学独自の両方において高奨学金政策が実施されていることも事実であり，奨学金を利用することによって，教育の機会の平等を実現するという理念は可能であるといえるだろう。

UCLAの同窓会独自の奨学金

最後にユニークな奨学金を紹介しよう。UCLA（カリフォルニア大学ロサンゼルス校）同窓会組織の学生支援活動の一つに同窓会独自が提供している奨学金がある。この同窓会組織独自の奨学金の歴史は60年以上にもなるが，近年ではおおよそ総額70万ドルを500人以上もの新入生，継続学生，編入生に給付している。2001-02年の実績を見ると，1700人からの応募があり，実績として500人以上もの学生対象に総額85万ドルが給付された。同窓会組織による奨学金給付基準には通常の大学の奨学金とは若干異なる基準が設定されている。通常のメリットベースでの奨学金においては，重要な指標として，成績面での優秀性が求められる。もちろん，この奨学金に採択される基準として成績の優秀性も考慮に入れられるのだが，それ以上にクラブ活動，コミュニティ活動，そしてアルバイトの経験が詳細に検討される。卒業生が主体となって給付されているユニークな奨学金は，アメリカの多様な奨学金の現状を示している。日本の奨学金は，大学独自ではメリット奨学金が創設されつつあるが，政府関係では，貸与型の奨学金が基本である。もちろん，卒業時に学業成績等が優れた学生への返済免除といった措置もあるが決して多くはないといえる。各家庭の教育費負担によって，高等教育の進学率が上昇してきたのが日本の特徴でもあったが，そうした家庭の負担も限界にきているといえるだろう。奨学金政策をいかに充実させていくかは，日本の高等教育が直面している喫緊の課題である。

17 日本における質保証システムの構築
——大学間連携教学IRによる相互評価

はじめに

最近，高等教育の質保証が日本の高等教育の喫緊の課題として浮上している。質保証を推進する方策として，GPA(Grade Point Average)制度，CAP制の導入，単位の実質化等の方策がすでに多くの大学で実施されているが，そうした方策を十分に機能させ，質保証を推進するためには，IR(機関研究，大学機関調査)と呼ばれる機能の開発が有効である。本章では，シラバス，GPA制度，CAP制，学生調査等を導入し，学位授与の方針，教育課程編成・実施の方針，入学者受け入れの方針という3つの方針を設定することを教育の質保証の「第一ステージ」と定義する。現在は，各大学内に散在している財政，学生，教学などに関するデータを集積して，管理するというデータの一元化を促進し，さらに，教育成果を測定するために，教育に関する客観的データを集積，測定し，そしてそれらの結果を単位の実質化や学生の学習時間の確保に結びつける教育環境の整備の段階へと動いていることを鑑みて，この段階を教育の質保証の「第二ステージ」とする。こうした第二ステージにおいて，教育の質保証を促進していくために不可欠な部門がIR(Institutional Research)である。

大学機関調査や機関研究と訳されることも多いIRは，アメリカの高等教育機関で1960年代に誕生したといわれている。教育，経営，財務情報を含む大学内部の様々なデータの入手や分析と管理，戦略計画の策定，アクレディテーション機関への報告書や自己評価書の作成を主な仕事として，IR部門は，アメリカの多くの高等教育機関に常設されている。こうした活動から，組織運営に関する意思決定の支援部門というニュアンスが強い一方で，教育改善のためのデータを集積，分析し，教育改善のツールとしての学生調査の

開発にも関わっている。その意味で，学内の教育の質保証にも深く関わっているのがIR部門といえる。

　個別大学での学習を通じての教育の質保証を求める動きが急速に進展し，高等教育全体のみならず個々の大学における教育成果の提示が重要な論点となっている現在の日本においても，大学内の様々な情報を収集して，数値化・可視化し，評価指標として管理し，その分析結果を教育・研究，学生支援，経営等に活用することが，IRの具体的な活動内容として定着していく可能性も高い。IRの利用の方法によっては，各大学での内部質保証システムとして機能することも期待できる。

　2008年の中央教育審議会答申で参考指針として掲げられている学士力を高等教育の学習成果や大学教育を通じての成長の結果として捉えると，それをどう測定するのかについては日本の高等教育では，依然として模索段階である。学習成果と学士課程教育の関係性についての研究の蓄積が十分でないことも要因の一つであるが，今後は，教育面におけるIR機能を充実していくことにより，学習成果の測定への新たな道筋へとつながる可能性もある。具体的には，各大学が実施している授業評価や学生調査結果などの客観的なデータにもとづく分析，あるいはそうしたデータをGPAやキャリア関連情報と結びつけて分析，そして結果を各教学部門にフィードバックするという役割をIR部門が担い，教学部門がそのフィードバックを教育改善につなげていくという構図である。IR部門をどこに設置し，誰が担うかといった大きな課題をクリアしていかねばならないが，客観的なデータにもとづく評価文化の醸成が日本の高等教育機関のさらなる発展にとって不可欠であることはいうまでもない。

　本章では，IR活動のなかでも，教学部門に焦点を当てた教育の質保証に向けていかに学生調査と内部データを結合させ，教学改善に活用するかという日本における大学間連携によるIR取り組み事例を提示する。

連携大学間の「相互評価」から連携を活かしての質保証の枠組みづくりへ　http://www.irnw.jp/

同志社大学，北海道大学，大阪府立大学，甲南大学の4大学の連携による教学IRの取り組みは，連携大学間の「相互評価」を活かし，教育の質保証の枠組みの整備を進めている。「単位制度の実質化」の推進には，学生の適切な学習時間の確保が不可欠であり，シラバスの到達目標の達成には，事前・事後の学習の充実と履修科目の適切な選択が鍵となる。それには，学生に関する教務データと学生調査などの間接評価のデータを組み合わせて分析し，改善に活かす必要がある。

IRには，①個別大学内での改善のための調査・分析と，IR先進国ですでに行われている，②ベンチマーキングのための複数機関間比較や全国調査に

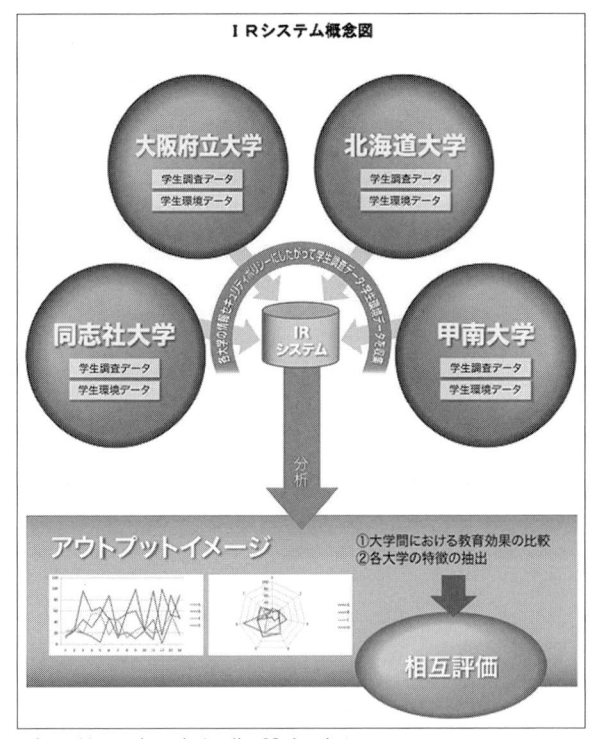

http://www.irnw.jp/outline02a.html

よる自機関の相対的な位置づけのための調査・分析という両方の機能がある。連携取り組みで行う「IRを通じての相互評価」の主要な課題は，この②ベンチマーキングのための複数機関間比較を通じて，教育課程の充実へと結びつけていく質保証の枠組みの整備である。

　具体的には，4大学共通の学生調査を活用して学生の自己評価による間接アセスメントを実施し，3年間にわたり，学生の単位取得状況や学習行動，学習成果，教育の効果等に関する基礎データ(ベースライン・データ)を蓄積し，分析する。共通の学生調査については，代表校である同志社大学の「高等教育・学生研究センター」が開発し，過去4年間にわたって実施，分析してきた学生調査(JFS(日本版新入生調査)およびJCSS(日本版大学生調査))を参照しながら，長期的な取り組みの課題である外国語(英語)による教育のベンチマーク設定につなげるため，学生調査の項目に英語の能力についてより詳しい設問を設ける。これには，EU(ヨーロッパ共同体)諸国ですでに導入され，語学教育ベンチマークの国際標準としての地位を確立しつつある「CEFR」[5]も組み入れる。また，学生調査を紙媒体だけでなく，ウェブ上でも実施できる次世代型学生調査システムを開発する。連携4大学がデータと分析結果を共有し，「相互評価」と「ベンチマーク」設定へとつなげる基盤を固める。

　次に，学生調査分析結果および収集データをもとに，自己点検・評価および相互評価を実施する。例えば学生の学習時間，学習状況，ラーニング・アウトカムの自己評価，教育方法，教育課程への満足度等における，連携大学それぞれの長所などを参考にしながらベンチマーキングを進め，各連携大学は各々の「学位授与の方針」「課程編成・実施の方針」「入学者受け入れの方針」の明確化に取り組む。「1年生調査2009」は，4大学という限られた学生集団から得られた調査結果であるが学生本位の改革を進めていくためのベースライン・データとして本事業では位置づけている。

　次の段階では，4大学共用のIRネットワーク構築に必要なデータとして，入学関連データ(入試方法等，出身高校関連の情報)，教務情報(履修状況，GPA，単位取得状況，留年・学位取得状況等)を収集し，それらの情報と学

生調査結果とを統合するのが，4大学が共用できる新たに開発したIRNS(IR Network System)システム[6]である(http://www.irnw.jp/outline02a.html)。本システムを利用して，各大学の長所や短所を相互評価しつつ，改善にIRネットワークを活用することが重要な概念である。取り組みの成果を実際の学生教育に還元するという長期的視点にもとづき，外国語のなかでも，4連携大学にとって最も共通性の高い「英語」についてCEFRにもとづいて教育成果を測定し，連携大学が提供する英語科目の共通の到達目標の設定を行うことを予定している。

大学間連携による教学 IR の意味は？

アメリカで登場したIRは，マッセンの定義を参考にすると，(1)機関の業績(成果)についてのデータ収集，(2)機関の環境についてのデータ収集，(3)収集したデータの分析と解釈，(4)データ(資料)分析と解釈，機関計画策定，(5)政策策定と意思決定支援情報への変換にまとめられ，主に(A)報告業務と政策分析，(B)計画策定，エンロールメント・マネジメント，財務管理，(C)質保証，学習成果アセスメント，プログラムの検討，効果測定，アクレディテーション対応という3つの領域での活動を行ってきた。

日本の大学においては，教学ガバナンスの不在が近年指摘され，第6期の中央教育審議会の大学教育部会でも教学ガバナンスをどう機能させるかが話題となっている。このように教学ガバナンスが機能していない状況の日本の大学において，逆に教学に関するIRを教学ガバナンス支援の仕組みとして機能させることは可能ではないか。大学の経営の意思決定や教育の改善のために，大学内に存在するデータを分析し，活用することがIRの基本原理である。そのようなデータは，財務，施設，卒業生，学生等多岐にわたっている。しかし，財務や施設に関するデータは，個別の大学の内部情報として外部に明らかにしにくい性格のものが含まれているだけでなく，他の大学と共有しにくい性格も伴っている。一方，教育に関する学生のデータ，例えば，学生調査は個別の大学のみならず，多くの大学が共通して利用できるだけでなく，結果を教育の効果に関するベンチマークとして利用することも可能で

ある。

　こうした問題意識にもとづき，上述の(C)質保証，学習成果アセスメント，プログラムの検討，効果測定，アクレディテーション対応を教学 IR と定義し，教学ガバナンスの支援ツールとさせるために，大学間連携による教学 IR の取り組みを開発してきた。その際，鍵となるのが学生調査データと大学内部にある学生の情報との連結である。そこで，こうした学生調査データに代表される間接評価と試験結果や成績などの直接評価の関連性について見てみよう。

直接評価と間接評価としての学生調査の信頼性

　バンタは，教育評価の方法は成果に対する直接評価の一種である科目試験やレポート，プロジェクト，卒業試験，卒業研究や卒業論文あるいは標準試験による検証と学生の学習行動，生活行動，自己認識，大学の教育プログラムへの満足度等成果にいたるまでの過程を評価する学生調査に代表される間接評価に分類できるとしている(Banta, 2004, pp. 4-5)。直接評価は，学習成果を直接に測定する方法として受け止められ，直接評価を組み入れた学習成果や教育効果を探る先行研究がアメリカを中心に積み重ねられている(Shavelson, 2010)。

　直接評価と間接評価の差異について表1にまとめている。

　直接評価の方が適切にアウトカムを測定できるような印象を持ちやすい。しかし，成果としての直接評価(成績や試験の結果)にいたる過程には，学生

表1　直接評価と間接評価の差異

	測定対象	測定する方法	測定分野
直接評価	学習成果	科目試験，レポート，プロジェクト，ポートフォリオ，卒業試験，標準試験，卒業研究	一般(共通)教育，専門分野，語学，資格関連分野
間接評価	学習の過程(学習行動，自己認識，満足度，価値観，経験等)	学生調査，卒業生調査	

の大学での経験や関与，その基本となる自己の認識や価値観等が深く関連しているが，直接評価はこの過程を把握することができない。そこで，学習成果が提示する部分だけでは，教育評価としては十分ではないという視点から見ると，学生調査やインタビュー等あるいは授業評価で実施される間接評価は，学生の期待度や満足度，学習行動の把握，関与（エンゲージメント，インボルブメント）や経験を把握することができ，成果につながる教育の過程を評価するという機能を伴っている。様々な先行研究により，直接評価とプロセス評価としての間接評価結果の組み合わせによって，大学生活を通じての学生の成長に関する精緻な結果測定が可能になるとまとめられる。4大学連携の取り組みでは，開発したウェブ上で分析できるシステムつまりIRNSを通じてこの直接評価と間接評価を連結したのが最大の特徴である。

学生調査自体は，先述したように，2004年以来の研究の蓄積にもとづいて開発してきていることから，具体的指標も信頼性や妥当性が高い。学生の成長と大学の環境を包含するカレッジ・インパクト研究やエンゲージメント理論の実証研究の実績の上に質問項目が作成されているので，学生調査そのものの信頼性が高い。そのため，アメリカで定評のある標準調査として活用されているNSSE (National Survey of Student Engagement) やCIRP (Cooperative Institutional Research Program) 等同様にベンチマークとして利用できる。つまり，この調査に参加し，ベンチマークとして利用することにより，標準性の検証ができる。同時に，大学独自で行っている内部調査などと組み合わせることで個別性を検証しながら，個別性や特色を充実していくための指標としても利用できる。

さて，こうした学生調査結果を分析することが実は間接評価を適切に行う上で不可欠な要素となる。しかし，実際には，大学内にそうした分析を常時行う人材や態勢が整備されている大学は多いとはいえない。そこで，簡単に学生調査結果を自動分析できるシステム開発を行った。その際，自分の大学内にある業務データや教務データと学生調査結果をIRNSを通じて連結することが可能になっている。したがって，本システムでは，複数大学が参加することで，相互評価を行うことも可能となる。当然，情報セキュリティの確

保についても配慮し，学内の教務や学生データと学生調査結果を連結する際には，匿名化を自動的にシステム上で行う匿名化ツールも開発している。本IRシステムへの参加大学は，「データ準備／登録」と「集計結果の閲覧」をするだけというように，負担の軽減を図っている。

おわりに

このように，教育成果あるいは効果という側面に焦点を当て，教学IRを各大学での教育の質保証システムの一部として機能させることは決して不可能ではない。その際，学生調査をはじめ，教育に関するデータをどのように集積し，測定し，そしてそれらの結果を改善につなげていくかということが「教育の質保証」の前提条件である。しかし，実際には，多くの高等教育機関では，教育の改善が不可欠であるということは共有されているものの，現状評価を客観的なデータにもとづいて行うよりは，教員個人の主観や経験値にもとづいている場合が多い。高等教育が教育・研究において社会的責任を果たすためにも，エビデンス・ベースにもとづいた分析・評価が大事であることは否めない。IRとはこうした主観や経験にもとづく教育評価をエビデンス・ベースにもとづく現状評価文化に変えていく装置であるともいえるだろう。教学ガバナンスの不在が指摘されている日本の多くの大学が―大学では進展できない教学IRを大学間による連携で進めながら，支援ツールとして活用していくことも方向性の一つである。そうすることにより，逆に教学ガバナンスを進展させていくことも可能ではないだろうか。4大学連携による教学IRの取り組みはそうした教学ガバナンス支援ツールとして位置づけられよう。

終章　世界の大学改革に見られる共通性と普遍性

　終章では，世界の大学が目指している方向性や政策動向を合わせ鏡として，日本の大学が現在推進している教育改革との共通性や普遍性は何かを考えてみたい。

「国際的通用性」を基準に求められている変容

　日本の大学の現状を見てみると，近年の大学の変容が著しいことに気づく。大学改革が大きな課題として注目を浴び始めた1990年代の終わり頃および2000年代初頭から比べてみると，現在の4年制大学および短期大学を含めた高等教育全体の姿はかなり異なっている。今や大学改革といえば教育改革を示唆するほど，高等専門学校，短期大学，4年制大学，そして大学院でさえも教育面を意識した改革を進めている。このような教育の改善を意識した大学改革の背景には，グローバル化した知識基盤社会のもとで世界的な科学技術の進展と競争を所与のものとし，それに日本社会や日本の高等教育がどう対処していくべきか，そのために，いかに大学組織や既存の教育課程を変革していくのかが，政策や個々の大学の方向性として確認されている。同時に，こうした動向は日本のみならず他の多くの国々にとっても，共通事項として認識されていることも現在の特徴であろう。

　現在，特に先進国においては「知識基盤社会」の構築に向けて類似した政策を押し進めている。教育の質を保証するという非常に困難な課題が，日常的に大学関係者の間で話題になるのもこうした現状を反映しているといえなくもない。そういう意味で，近年の世界の高等教育関係者，例えば，政策立案者，大学の経営者や大学関係者の間で，「高等教育への財政配分縮小」「アカウンタビリティ」「評価」といった用語が，常時用いられているのはこの

「質保証」に大いに関係しているといえる。言い換えれば，アメリカ，オーストラリア，イギリス，日本，韓国等に顕著な傾向という限定的ではあるものの，共通の高等教育政策がこうした国々には見いだされ，そうした政策にもとづき，高等教育の改革が推進されている。その場合のキーワードは，上記の「高等教育への財政配分縮小」「アカウンタビリティ」「評価」であり，そのキーワードから「高等教育の質保証」もしくは「大学教育の質保証」が上記の国々に限らず，多くの国々で進展している高等教育改革の目指す方向性でもある。その背景に最も大きな影響を与えているのが近年急速に進展してきた「グローバル化」である。

　元来，「高等教育の質保証」もしくは「大学教育の質保証」は多面的な意味を含んでいる。高等教育の「制度」「財政」「組織」「管理運営」「国際化」「教員」「教育課程」「入試」「学生」「教育方法」「情報」といったハードからソフトの側面，固有の国の「政治経済的側面」「歴史・文化」も関係しているだけでなく，一方で，グローバル化から生ずる影響も大きい。すなわち，高等教育政策や大学改革の方向性は，グローバル化からもたらされる国家間の競争，人材育成，人の移動，知識の移動を所与のものとして，それらの動向に左右されているのが世界の大学の現状でもある。高等教育の発展段階の違い，経済成長度に差異があったとしても，資源や富をめぐっての競争や競争に優位になるための科学技術の振興とそうした人材の育成は，多くの国にとって，21世紀のグローバル化した社会での必須事項とみなされることになる。それゆえ，方向性や政策やスローガンに共通性が見いだされることになるというわけだ。つまり，グローバル化した社会のなかでは，研究，教育も，管理運営も競争にさらされ，情報が迅速に共有される。高等教育機関に焦点を絞れば，機関の卓越性，利便性，魅力等も世界中の人々の目にさらされるだけでなく，評価されることになる。したがって，従来は一国あるいは一地域の特性や文化，制度，言語等の枠組みのなかで，制度設計をし，教育のコンテンツも一国の言語で提供することを考慮していたことが，「国際的通用性」を基準に進展していくことが求められるようになる。

各国に遅れる日本の国際戦略

　こうした質保証が含む側面の一つとして，最初に，大学の「国際化」について，より具体的に戦略性という視点から検討してみよう。研究の国際化については，理系分野においてはすでに評価が世界で共通に行われるようになっている。もはや，分野によっては，国ごとの差異はないといってもよいほどでもある。

　さらに，学問分野が従来のように縦割りだけでは対処できない状況が生じ，異なる領域，複数の機関での連携や国境を越えての連携が求められている。これが変容の前提となる。つまり，一国や一大学では対応できないグローバルな課題である気候変動やエネルギー，宗教紛争，安全な社会の構築に対応するには，理系と文系が協働して研究を推進することあるいは国境を越えての連携が不可欠となっている。こうした研究課題は当然ながら教育課題にも深く関わっているし，組織の管理運営にも国際化という視点は欠かせない。

　その意味では，アメリカの大学が戦略性では一歩進んでいることは否定できない。「優秀な人材に国境はない」という視点がベースとなって，優れた研究を進め，教育力を向上し，そのために組織を改革するという戦略が立案されているからだ。シンガポールの大学も国際語である英語が公用語であるという利点を生かして，世界中から「優秀な人材を獲得する」という戦略性とその実行性では一歩先を進んでいる。韓国，中国，台湾等のアジア圏における大学も近年は「国際化」の実現に向けて，改革を進めている。自国に海外の大学を誘致するという方法で「国際化」を進展させている国の一つがマレーシアであるが，こうした方法も後発ではあるが，高等教育の拡大が見込まれる国の一つの方向性でもあるだろう。

　一方，日本の多くの高等教育機関にはこのような戦略性があまり見られない。最近では，国際戦略を積極的に全面に押し出し，改革を進める一部の大学の例も見られるが，高等教育機関全体で見れば，文部科学省の政策に対する受身の対応が多い印象を受ける。したがって，グローバル化した社会のなかでつきつけられている普遍的な課題に向かって，大学そのものを変容していくという動きが主体的でなく，かつ遅いことが日本の高等教育機関の現状

といわざるを得ない。

アメリカとイギリスに見る戦略の動向

　それでは，2章でも述べたが，優秀な人材を世界中から確保する，あるいは世界の文化や価値を理解し，世界で活躍する自国の学生を育成するという戦略の動向を欧米を中心に簡単にまとめてみよう。高等教育の国際市場は巨大でもあり，かつ特にヨーロッパの国際市場の成長度合いは著しい。

　2003年にはヨーロッパにおいては200万人の大学生が海外留学をしているという。そのなかでもイギリスにはEU（ヨーロッパ共同体）諸国から11万2千人を越える学生が留学している。イギリスは，積極的に多くの留学生を受け入れているだけでなく，自国の学生を活発に短期間のスタディ・アブロード・プログラムに参加させることに熱心である。こうした動向はグローバル化を意識した人材の交流と育成という戦略性にもとづいているといえるだろう。

　国境を越えて教育機関が連携するケースの増加も無視できない。例えば，海外にキャンパスを設置する大学が年々増加している。アメリカから正式に認可された教育施設やプログラムは世界におおよそ400存在しているという。イギリスやオーストラリアも海外にキャンパスを設置しており，これらの海外キャンパスでは所在国の大学と連携して学位を授与したり，所在国の学生が海外に留学しないままで自国にある海外大学のキャンパスで学ぶことも可能になっている。こうした海外キャンパスやスタディ・アブロードの効果としては，海外キャンパスで学んだ後に，海外キャンパスを提供している国のキャンパスで大学院課程のみを学べば，留学生にとっては留学費用を抑えられるし，提供している国の大学にとっても提供先の優秀な留学生を確実に安定的な人材として確保できることにもつながる。同時に，自国の学生にとっての短期間の留学や海外研修先としてこのキャンパスを持っていることで，海外体験を通じて，異文化を理解する力，異なる価値観を受け入れる力を育成できることにもつながることが挙げられよう。

　ボーダーレスな社会と世界という言葉をひしひしと実感するのが現代だ。

そうしたグローバル化や国際化をどう捉え，研究，教育，そして組織をグローバル化のなかでの普遍的な動きに合わせて，備えていくか，場合によっては変容させていくかが戦略性である。日本の高等教育がこれから対処していくべきことは，対症療法ではなく，グローバル化と国際化という大きな動きのなかでの長期的な戦略立案能力の育成ではないだろうか。

教育の国際化と「アカウンタビリティ」

次に，教育に焦点をあわせて，グローバル化した社会のなかでの普遍性について考えてみる。現在，大学生が身につけるべき能力・技能として明示されている，「問題発見力」「課題解決力」「協働できる力」「倫理性」「他の文化を理解でき受け入れる力」「世界の人々とコミュニケートできる力」等は，多くの国々の実に多くの高等教育機関が学習成果目標として提示している力やスキルである。その意味では，これらは，グローバル化した21世紀の社会で国境を越えて求められる「普遍的な技能」と位置づけられる。

日本においても，学習を通じてこうした「普遍的な技能」を身につけさせ，その教育成果をどう測定するかという学習成果のアセスメントが喫緊の課題となっているが，世界的に見ても学習成果の検証と保証が高等教育にとって必至となりつつあるというのが現状である。

「教育」の側面においては，前述した「国際化」以上に，「アカウンタビリティ」というキーワードがより影響を及ぼしている。世界において，「小さな政府」が当然となってきている現在，限られた財源からの資金の投与に対してアカウンタブルでなければならないという認識が強くなってきている。そのため，学習成果の検証と提示が不可欠となる。

その際，学生のデータを集積し，教育改善へとつなげるための部門あるいは経営改善に資する情報の集約部門の設置も戦略としては不可欠となる。特に，本書でも言及した大学の内部にある様々なデータを集積し，分析して大学のマネジメントの支援ツールとして活用するIRは不可欠な装置といえるだろう。アメリカやオーストラリアの高等教育機関では広く浸透しているIR部門についても，エビデンス・ベースで経営戦略，教育改善を進めてい

くことが，「質保証」がより求められる現在では不可欠であるという位置づけで本書でも紹介してきた。このようなエビデンス・ベースによる評価文化の浸透が世界に共通の高等教育の趨勢の一つといえなくもない。

　最後に，現在の社会の変化のスピードは恐しく速い。グローバル化の影響も見すごすことはできない。しかし，情報はまたたく間に世界を駆け巡り，科学技術の進展や高等教育の成果目標という点でも共通の目標が共有されるとすれば，天然資源のない日本のような人材と知識（理想として）を活用して富を生み出さざるを得ないような国は果てしなき競争に参加し続けなければならないであろうし，それに対処する政策を推し進めざるを得ないのではないか。そうした現状において，大学はどのように教育改革を進め，教育課程がいかに学生の成長に交差し，学習成果につながるのかが大学関係者のみならず多くの人々と共有したい問題意識でもある。

注

1 ユネスコ／OECD, 2005「国境を越えて提供される高等教育の質保証に関するガイドライン」日本語訳 http://www.mext.go.jp/a_menu/koutou/shitu/06032412/002.htm 最終アクセス日 7/10/2011.
2 Knight, Jane, 2005, Borderless, Offshore, Transnational and Cross-border Education: Definition and Data Dilemma, Observatory on Borderless Higher Education, London.
3 杉本均, 2011年,「トランスナショナル高等教育—新たな留学概念の登場」『比較教育学研究』, 43, pp.3-15.
4 ここでのHP上のアドレスは2012年現在のCSUノースリッジ校とCSUロングビーチ校のカレッジポートレートのものである。第14章のデータは2010年当時のカレッジポートレート上のアドレス上に掲載されていたもので現在はそのアドレスは存在していない。
5 CEFRはCommon European Framework of Reference for Languagesのことで, ヨーロッパで共通の外国語学習の到達度を記述するのに使用するガイドラインとして, 欧州評議会(Council of Europe)という組織によって2001年に正式に公開された枠組みである。具体的には, ヨーロッパのすべての言語に使える評価方法と指導方法が示されているガイドラインである。
6 IRNSは2011年3月に開発が完了し, 同月から試用を始めている。本システムを利用するとシステム内で基本的な統計分析とグラフ化ができ, 連携大学のIR担当者が各大学内の学生調査に回答した学生の単位取得状況やGPA等のデータと連結し, より詳細な分析ができるように設計している。

参考文献

日本語文献

青山佳代. (2006). 「アメリカ州立大学におけるインスティチューショナル・リサーチの機能に関する考察」『名古屋高等教育研究』第6号, 名古屋大学高等教育研究センター, 113-130頁.

アップクラフト, M.L., ガードナー, J.N. &ベアフット, B.O. 山田礼子監訳. (2007).『初年次教育ハンドブック―学生を「成功」に導くために』, 丸善出版, 307頁.

中央教育審議会. (2008).『学士課程教育の構築に向けて(答申)』, 257頁.

中央教育審議会大学分科会. (2009).『中長期的な大学教育の在り方に関する第一次報告, 大学教育の構造転換に向けて』, 91頁.

中央教育審議会大学分科会. (2009).『中長期的な大学教育の在り方に関する第二次報告』, 126頁.

中央教育審議会大学分科会. (2010).『中長期的な大学教育の在り方に関する第三次報告』, 136頁.

中央教育審議会大学分科会. (2010).『中長期的な大学教育の在り方に関する第四次報告』, 169頁.

濱名篤., 川嶋太津夫編. (2006).『初年次教育・歴史・理論・実践と世界の動向』, 丸善, 267頁.

IDE大学協会. (2011). 「大学評価とIR」『IDE 現代の高等教育』No.528, 80頁.

絹川正吉. (2011). 「特色GP採択事例の特性」『特色GPのすべて：大学教育改革の起動』, JUAA選書14 大学基準協会監修, ジアース教育新社, 122-128頁.

小湊卓夫., 中井俊樹. (2007). 「国立大学法人におけるインスティチューショナル・リサーチ組織の特質と課題」,『大学評価・学位研究』第5号, 大学評価・学位授与機構, 19-34頁.

日本私立大学協会附置私学高等教育研究所. (2011). 私学高等教育研究叢書『研究プロジェクト報告書―高等教育におけるIR(Institutional Research)の役割』, 72頁.

杉本均. (2011). 「トランスナショナル高等教育―新たな留学概念の登場」『比較教育学研究』, 43, 3-15頁.

Swing R. L. 山田礼子訳. (2005). 「米国の高等教育におけるIRの射程, 発展, 文脈」,『大学評価・学位研究』第3号, 24-30頁.

舘昭. (2008). 「アメリカにおける初年次学生総合支援アプローチ―その登場, 展開, 特徴」『初年次教育学会誌』, 第1巻第1号, 49-56頁.

鳥居朋子. (2005). 「大学におけるインスティチューショナル・リサーチの実効性

に関する考察―米国及び豪州の事例を手がかりに」,『名古屋高等教育研究』第 5 号, 名古屋大学高等教育研究センター, 185-203 頁.
山田礼子. (2008).『アメリカの学生獲得戦略』玉川大学出版部.
山田礼子編. (2009).『大学教育を科学する―学生の教育評価の国際比較』東信堂.
山田礼子. (2010).「初年次教育の現状と展望」『大学教育 研究と改革の 30 年―大学教育学会の視点から』, 大学教育学会 30 周年記念誌編集委員会編, 東信堂, 29-48 頁.
山田礼子. (2011).「相互評価に基づく学士課程教育質保証システムの創出―国公私立 4 大学 IR ネットワーク」『IR シンポジウム報告書, 平成 21 年度採択文部科学省, 大学教育充実のための戦略的大学連携支援プログラム - 相互評価に基づく学士課程教育質保証システムの創出 - 国公私立 4 大学 IR ネットワーク』, 22-26 頁．

英文文献

Astin, A. W. (1993). *What Matters in College? : Four Critical Years Revisited*. San Francisco, Calif; Jossey-Bass.

Astin, A. W. (1993). *Assessment for Excellence: The Philosophy and Practice of Assessment and Evaluation in Higher Education*, Phenix, Arizona: ORYX Press.

Banta, T. W. (Ed.). (2004). *Hallmarks of Effective Outcomes Assessment*, San Francisco, Calif: Jossey-Bass. A Wiley Company.

Delany, A. M. (1997). "The Role of Institutional Research in Higher Education: Enabling Researchers to Meet New Challengers", *Research in Higher Education*, Vol. 38, No. 1, pp. 1-16.

Ewell, P. T. (2007). "Assessment and Accountability in America Today: Background and Context" *New Directions for Institutional Research, Assessment Supplement 2007*, pp. 7-17.

Fincher, C. (1985). "The Art and Science of Institutional Research", in Corcoran, M. and Peterson, M. W. (eds.). *Institutional Research in Transition.: New Directions for Institutional Research*, San Francisco, Calif: Jossey-Bass. pp. 16-37.

Institute of International Education. (2009). *Joint and Double Degree Programs in the Transatlantic Context: A Survey Report*, pp. 43.

Knight, J. (2005). Borderless, Offshore, Transnational and Cross-border Education: Definition and Data Dilemma, Observatory on Borderless Higher Education, London.

Knight, J. (2011). "Education Hubs: A Fad, a Brand, an Innovation?", *Journal of Studies in International Education*, Vol. 15: 3, pp. 221-240.

Knight, W. E. (Ed.). (2003). *The Primer for Institutional Research*, Tallahassee, FL:

Association for Institutional Research.

Kuh, G. D., Umback, P. D. (2004). "College and Character: Insights from the National Survey of Student Engagement", *New Directions for Institutional Research*, No. 122, pp. 37-54.

Pascarella, E. T. & Terenzini, P, T. (2005). *How College Affects Students*, San Francisco, Calif: Jossey-Bass. A Wiley Company.

Peterson, M. W. & Corcoran, M. (1985). "Proliferation or Professional Integration: Transition and Transformation". *New Directions for Institutional Research, 11(2)*, pp. 5-15.

Saupe, J. L. (1990). *The Functions of Institutional Research* 2nd ed Tallahassee, FL: Association for Institutional Research.

Shavelson, R. J. (2010). *Measuring College Learning Responsibly: Accountability in a New Era*. San Francisco, Calif: Stanford University Press.

Thorpe, S. W. (1999). "The Mission of Institutional Research", Presentation paper at 26th Conference of the North East Association for Institutional Research.

Trenzini, P. T. (1993). "On the Nature of Institutional Research and the Knowledge and Skills it Requires", *Research in Higher Education*, Vol. 34, No. 1, pp. 1-10.

Trenzini, P. T. (2011). "Missing the Forest for the Trees: Rethinking What Influences Student Learning", 『IRシンポジウム報告書，平成21年度採択文部科学省，大学教育充実のための戦略的大学連携支援プログラム―相互評価に基づく学士課程教育質保証システムの創出―国公私立4大学IRネットワーク』, 39-43頁.

Volkwein, F. J. (1990). "The Diversity of Institutional Research Structures and Tasks", *New Directions for Institutional Research*, No. 66, pp. 7-26.

Volkwein, F. J. (1999). "The Four Faces of Institutional Research", *New Directions for Institutional Research* ,No. 104, pp. 9-19.

Volkwein, F. J. (2011). "Navigating the Winds of Change: Coping with the Challenges of Institutional Research", 『IRシンポジウム報告書，平成21年度採択文部科学省，大学教育充実のための戦略的大学連携支援プログラム―相互評価に基づく学士課程教育質保証システムの創出―国公私立4大学IRネットワーク』, 31-38頁.

用語解説

AIR
Association for Institutional Research が正式名称である。アメリカにある IR 学会の名称。IR の研究者，担当者が会員として参加している。正会員数は 4000 名を超えている。機関会員として高等教育機関も参加している。IR 担当者の技術向上のための会員のためのワークショップを開催したり，大学と連携して IR 担当者育成のための学位プログラム構築を支援するなど幅の広い活動を行っている。

AKP
アメリカの大学の日本へのスタディ・アブロード・プログラムとして，アメリカを代表するアーモスト大学，ベイツ大学，バックネル大学，カールトン大学，コルビー大学，コネチカット大学，ミッドベリー大学，マウント・ホリヨーク大学，オベリン大学，ポモナ大学，スミス大学，ウェズリー大学，ウェズリアン大学，ウィリアムス大学，ウィットマン大学の 15 の名門のリベラルアーツ・カレッジが 1972 年に設置したプログラムである。毎年 40 人ほどの学生が日本語の集中的な学習と英語で日本に関連した授業を受講しながら，2 学期間京都の同志社大学を拠点として学習する。リベラルアーツ大学によるスタディ・アブロード・プログラムという特徴が主に人文系や社会科学系を中心とした授業内容に反映されている。

AP プログラム　AP テスト
アドバンスド・プレイスメント・プログラム (Advanced Placement Program) は，カレッジボード (College Board) が運営するプログラムである。具体的には，中等学校の生徒に大学レベルの授業を受ける機会を与え，授業終了後に年に一度実施される AP テストの結果にもとづいて，大学入学後には単位を認定するというプログラムである。AP テストは，カレッジボードではなく，ETS(TOEFL 等を作成している非営利機関) が作成している。AP プログラムは，高等学校在学中に受講することから，通常は高校に AP コースが設置され，高校教師が AP 科目を教える。高校に AP コースが設置されていない生徒も個人学習によって AP テストを受けることも可能である。AP プログラムは，アメリカの高大接続の代表的事例であり，早期から大学レベルの学習を経験することにより，大学での学習に円滑に移行するという効果を意図している。

CAP 制
単位の実質化のために，学生が一単位あたりの十分な学習量を確保するために 1 学期あたりの単位登録数の上限を制限することを指している。日本の大学においては，

一般的には学部が上限を設定しており，資格課程で提供される科目はこの上限には含まれないことが多い。

CLA
Collegiate Learning Assessment（CLA）は，大学で学んだ成果を標準的に測定し，大学間での比較を可能にするような測定ツールとして開発された標準試験である。アメリカでの一般教育や共通教育を通じて身についた汎用力を測定するために開発された。知識の獲得を測定するというよりは，クリティカル・シンキング，分析的理由づけ，問題解決，文章表現などの汎用的能力を測定することを目的として記述式で回答するように問題が作成されている。個人の結果というよりは，学生への教育効果を機関がどのように提供しているかを測定するツールとして使われることを目的としている。

The College Portrait
アメリカで情報公開に際して，よりよくわかりやすい形で提示すべきという圧力に応えて，VSA（Voluntary System of Accountability）により構築されたデータベースを指している。学士課程教育段階の基本的で比較可能なデータを学生，高校生，保護者を含む社会全般に提供するために新たに開発されたものである。本データベース上におさめられているデータは，IPEDSと類似しているものもあるが，IPEDSよりも高校生や保護者などのステークホルダーが容易にわかるということが基本設計になっている。参加している各大学ごとに学習成果としてCLAと呼ばれる標準試験の入学時，上級学年時での結果が提示されていることも特徴の一つである。また，NSSEなどの学生調査結果も提示されている。

eポートフォリオ
eポートフォリオは，「ポートフォリオ評価」を電子版で行うことを意味する。学生がポートフォリオ評価を通じて，自分の学習の流れを把握することができ，自己評価力や相互評価力が身につく点で効果を発揮している評価と認識されている。ポートフォリオ評価は学習意欲につながりやすいとも指摘されている。ポートフォリオにためている書類を通じて，学びのプロセスから成果にいたる個々の学生の成長を把握することができる。

FYE　FYS
アメリカの高等教育機関では，1970年代半ばから学部新入生を対象とした初年次教育カリキュラムやプログラム開発，授業における取り組みが積極的に行われている。初年次教育には，学業から日常生活にいたるまでの，大学生活全般についてのオリエンテーション，アドバイザー制度等，教育課程内外での体系化されたプログ

ラムが設けられている。こうした教育全体を総称して First Year Experience（ファーストイヤー・エクスペリアンス）と呼称されている。ファーストイヤー・セミナー（FYS）は，日本では初年次セミナーとして定着しつつあるが，初年次生を対象として，教育課程内で行われる個別の授業のことを指している。

GPA制度
各科目の成績から一定の方式によって算出された学生の成績評価値を意味する用語がGPA（Grade Point Average）である。GPA制度とは，そうしたGPAという成績評価方式を制度化していることを意味する。欧米の大学や高校などで一般的に採用されており，留学の際などの学力を測る指標としても使われる。日本においても，成績評価指標として導入する大学が増加しており，「国際通用性」という点では，GPA制度は世界の高等教育の標準的な成績評価方式とされている。

IPEDS
全米の高等教育機関等をデータ収集の対象としている包括的なデータベースシステムがIPEDS（Integrated Postsecondary Education Data System）である。機関特性，学位レベル別の修了者数データ，在籍者数，授業時間数，在学者数，学生への資金援助状況，リテンション率，卒業率，各機関ごとの財務情報等が提出を求められる情報である。個別機関は，連邦政府の奨学金プログラムに機関申請するには，このデータ提出が実質上義務づけられている。個別機関は，IPEDSデータベースからベンチマークとして類似機関と比較することが可能となっている。

IR
高等教育機関の様々な質保証を推進するために有効な機能の一つがエビデンスにもとづいて分析するというIR（機関研究，大学機関調査）である。大学内の様々な情報を収集して，数値化・可視化し，評価指標として管理し，その分析結果を教育・研究，学生支援，経営等に活用することが，IRの具体的な活動内容である。教学面に焦点化した場合を教学IRと呼ぶ。教学IRの具体的な像は，各大学が実施している授業評価や学生調査結果など客観的なデータにもとづく分析，あるいはそうしたデータをGPAやキャリア関連情報と結びつけて分析，そして結果を各教学部門にフィードバックするという役割をIR部門が担い，教学部門がそのフィードバックを教育改善につなげていくという構図である。

SAT ACT
SATはアメリカにおいて大学入学に際し広く用いられている「進学適性試験」のことである。カレッジボードが運営している。詳しくは，本書のAPプログラムのところでも説明している。ACTは，American College Testingのことで，

American College Testing Program が実施している。テストは英語(45分)，数学(60分)，読解(35分)，科学的推論(35分)の4領域であり，高校教育の学習の成果を測定することを目的としている。SATが適性試験の要素をより強く反映しているのに対し，ACTは高校の学習成果の到達度の測定を主目的としているという違いがある。

SEVIS プログラム

SEVIS(Student and Exchange Visitor Information System)の略で，留学生や交換留学生の監視・取り締まりを目的としたデータベースシステムを意味する。全米の移民局から留学生受け入れの許可を認められているすべての学校を対象にアメリカに滞在している外国人留学生や交換訪問者の滞在資格情報をより効果的に管理するために，9・11同時多発テロ事件後に国土安全保障省が導入したプログラムである。各学校は，在学生の住所変更や各学期の在学状況をSEVISに登録する義務がある。不法滞在や在留資格失効を避けるために，在学生も学校側に常に状況を報告することが求められる。

アクレディテーション

アメリカの地域基準協会が高等教育機関としての適格性を認定すること，あるいは専門職団体が専門職プログラムの内容等の適格性を認定することを意味している。地域基準協会や専門職団体は日本のように必ずしも認証評価機関として位置づけられているわけではない。あくまでも，各高等教育機関の自立性にもとづいた大学評価を行うことが基本となっており，それを認定することがアクレディテーションである。地域基準協会が行う各高等教育機関のアクレディテーションは，自己点検・評価報告書をベースとした書面調査，そして訪問調査が基本となっているが，近年は学生のラーニング・アウトカム(学習成果)を提示することがアクレディテーションにおいて重要視されるようになってきている。

アトリビュート

属性と翻訳される場合が多いが，要するに大学卒業時に身につけておくべき，要素，能力，スキルのことを指している。オーストラリアのメルボルン大学は卒業時に学生が身につけておくべきアトリビュートを詳細に提示している。日本の学士力とも類似性が見られる。

エンロールメント・マネジメント

奨学金を含めた学生募集，マーケティング，学生のリテンションおよび意思決定に影響を及ぼすデータを分析して，総合的な学生支援策を立ててマネジメントをすることを指している。

海外キャンパス留学プログラム
後述するスタディ・アブロード・プログラムとも関連性が深い。ある高等教育機関が海外の大学と提携してその大学のキャンパスに自大学の学生を留学させ学ばせる場合が，海外キャンパス留学プログラムである。最近は，海外にブランチ・キャンパスを設置しているアメリカの高等教育機関は，自校の海外キャンパスに学生を留学させるスタディ・アブロード・プログラムを構築しているケースが増加している。

学生調査
学生調査は間接評価の代表的な方法である。学生の学習行動や生活行動，自己認識，価値観，高校時代の学習行動等の項目から形成されている質問紙調査のことである。入学時，1年終了時，3年終了時，あるいは卒業時などに行われることが多い。アメリカの代表的な学生調査として，UCLAの高等教育研究所が実施しているCIRP (Cooperative Institutional Research Program 新入生調査)，CSS (College Senior Survey 上級生調査)，そしてインディアナ大学が運営しているNSSE (National Survey of Student Engagement) が挙げられる。日本においても，同志社大学高等教育・学生研究センターが実施している日本版大学生調査プログラム (JCIRP) も標準的な学生調査として近年参加者が多い調査である。JCIRPはJFS (日本版新入生調査) とJCSS (日本版大学生調査)，そしてJJCSS (日本版短期大学生調査) の3種類からなる学生調査プログラムの総称である。

カリキュラム・マップ
カリキュラム・マップは，近年多くの日本の大学がDP (ディプロマ・ポリシー)，CP (カリキュラム・ポリシー)，AP (アドミッション・ポリシー) を明確化してきているが，特にDPとCPに関連性が深い。つまり，ディプロマ・ポリシーを実現するためのCPを示すために，カリキュラム・マップを作成することが通常のプロセスとなる。カリキュラム・マップは，科目ごとに，その科目を履修することにより学生が何をできるようになるのか (到達目標) を示し，DPにつながるそれぞれの科目がどの授業でどのように達成されるかの関係を一覧表にしたものがカリキュラム・マップである。またこのマップ上では，個々の授業が果たすべき役割と授業同士の有機的な結びつきが明示されている。

関与 (エンゲージメント，インボルブメント)
学生が大学での学習にどのように関わっているかを示す用語がエンゲージメントあるいはインボルブメントである。どちらも，カレッジ・インパクト理論 (大学の影響) が基本理論である。インボルブメントの代表的な提唱者は，カリフォルニア大学ロサンゼルス校のアレクサンダー・アスティン教授であり，蓄積した学生調査結果にもとづいて本概念を理論化した。エンゲージメントの代表的な提唱者は，イン

ディアナ大学のジョージ・クー教授であり，エンゲージメントという概念は学生調査 NSSE の基本思想となっている。

キャップストーン・プログラム
キャップストーンとは，大学で学び，積み上げてきた成果を総仕上げの卒業研究として論文や研究プロジェクトにまとめたもの。担当の個別教員やグループで評価する。最終学年で取り入れられている場合が多い。工学系では卒業研究プロジェクトの成果を発表するなどが一般的であり，文系では日本の卒業論文に概念が近い。

教学ガバナンス
教育改善を機関として定着させ，恒常的に教育の質保証を実質化していくための仕組みを構築し，それを管理・運営し，責任を持って実質化していくことを意味する。大学の経営，運営という広い概念と比べると教学面における管理，運営というより狭い領域が対象となる。

サービスラーニング
体験的な学習あるいはアクティブ・ラーニングの代表的な手法の一つである。ボランタリーな団体やコミュニティへのサービスを通じて体験的に学習し，その学習を理論や知識に結びつけていくことを意図して設置されているプログラムのことである。地域コミュニティ，海外でのボランタリーサービス，あるいはミッションスクールでの宗教的なサービスと地域コミュニティでの活動などを組み合わせて行う場合も多い。

奨学金(ペルグラントとローン)
給付型の奨学金として最も著名なものが，ペル奨学金(Pell Grant 以下ペルグラント)である。ペルグラントは，経済的必要性にもとづく完全給付型の奨学金であり，総額，受給対象者も最大の最も大きな奨学金である。ペルグラントの補助として大学が受給対象者を決定する Supplemental Educational Opportunity Grant (SEOG) があるが，この奨学金はキャンパスベースという名称で広く知られている。この奨学金は連邦政府が大学キャンパスを通じてつまり間接的に補助するタイプのもので，ペルグラントを受給している学生が優先的に受給する。キャンパスベースのなかには，ワーク・スタディと呼ばれるものがあるが，これは，キャンパス内外の学業に関連した就労の機会を大学が学生に斡旋することを通じて，その給与が奨学金という形式に相当するユニークなものである。連邦政府が管理している貸与型奨学金(ローン)の種類も多く，政府保証型ローンの象徴ともいえるものが 1992 年に導入されたスタッフォードローンである。

大学ランキング

グローバル化が進展するなかで，知識や人材をめぐって国際的な競争が熾烈になってきている。そうした環境のなかで，様々な指標にもとづいてランキングされた大学の順位表が大学ランキングである。現在，大学ランキングは，世界の大学ランキング，アジアの大学ランキング，アメリカの大学のランキング，イギリスの大学のランキング，オーストラリアの大学のランキング，カナダの大学のランキング，ロシアの大学のランキングのように世界，アジアといった大規模なものから，一国の中での大学ランキングなど多様なランキングが存在している。例えば，世界の大学ランキングでは，「タイムズ・ハイヤー・エデュケーション(THE)」と「上海交通大学」による大学ランキングがよく知られている。THE は大学機関と学問分野ごとのランキングを実施している。上海交通大学によるランキングは，大学内にある高等教育研究所が研究を目的に行っているランキングで，世界のトップ大学 500 を対象としている。また，産業界，一般人が利用する大学ランキングのひとつに *U. S. News & World Report* 誌が毎年行うランキングがある。

ダブル・ディグリー　ジョイント・ディグリー

「ダブル・ディグリー」および「ジョイント・ディグリー」の定義については，海外においても一様ではないとされている。ダブル・ディグリーを複数の高等教育機関によりそれぞれ発行される 2 枚の学位記，ジョイント・ディグリーを 2 またはそれ以上の機関が発行した単一の学位記であると考える場合もある。他方では，ジョイント・ディグリーについて，国による学位記を伴わずに，プログラムを提供した機関自身により発行される共同の学位記(この場合の「共同の学位記」については，法令上の位置づけは明確でない)とする場合もある。いずれにしてもある程度多くの大学において進展してきているダブル・ディグリー・プログラムは，日本の大学と外国の大学が教育課程の実施や単位を双方で互換することにおいて教育の質保証を含めて事前に協議し，双方の大学がそれぞれ学位を授与する教育プログラムのことを意味する。

部分学位プログラム　外国機関提携学位

近年，高等教育の国際化が進展するなかで，学生の留学先の大学が提供するプログラムの一部を学生の所在している国の大学が引き継ぎ学位を授与するような形態が誕生している。それらの学位は部分学位プログラム(Twining Degree, Split Degree Program)と呼ばれている。学生の所在国等の学校がプログラムのすべてを請けおい，学生は大学在学中の全期間を本国においてプログラムを履修するという形態も存在している。この形態を通じて取得した学位は外国機関提携学位(Partner-supported Delivery)と呼ばれている。提携している外国大学と共同で運営する教育プログラムの質保証の仕組みを構築することがこうした新しいプログラムでは重

要である。

普遍的な技能

OECD諸国においても高等教育版PISAが大きな話題となっており，世界的に見て学生の教育成果の検証と保証が高等教育にとって必至となりつつある。そうした現状においては，2008年中央教育審議会答申のなかで参考指針として挙げられている「学士力」の要素を見るとオーストラリアのメルボルン大学のアトリビュートや，ハーバード大学が2007年に公表した一般教育対策本部による報告書のなかでグローバル化した社会のなかでハーバード大学の学生が身につけるべき能力・技能として明示されている要素と重複している部分が多い。それらは，「問題発見力」であり，「課題解決力」であり，「協働できる力」「倫理性」「他の文化を理解でき受け入れる力」「世界の人々とコミュニケートできる力」等であり，これらはグローバル化した21世紀の社会で国境を越えて求められる「普遍的な技能」とも言い換えられる。

ベンチマーク

ベンチマークは，大学の経営の健全性や学習成果等の水準点や基準点を示す語のことで，比較のために用いる。類似している機関同士をベンチマークすることが一般的な使用法。

ボローニャ・プロセス

1999年にイタリアのボローニャで採択された『ボローニャ宣言』にもとづく，ヨーロッパの高等教育の改革の過程を意味している。2010年までに『ヨーロッパ高等教育エリア』「European Higher Education Area」「＝EHEA」を設立することを目指していた。実際に，数多くの国際機関とヨーロッパ圏の国家がボローニャ・プロセスには参加している。ヨーロッパ高等教育圏内での留学生の移動を活発化することや研究活動や雇用の促進も目指しており，実際に，ヨーロッパ高等教育圏内での留学生の移動はかなり活発化している。また，単位の換算の方法や学位名称の共通性なども議論されてきている。

ラーニング・コミュニティ

ラーニング・コミュニティは学習コミュニティともしばしば訳される。科目や学問体系が異なるにせよ，それぞれの学問には関連性と知識の一貫性があるということを学生に理解させることがラーニング・コミュニティの持つ意味である。いわば，一般教育と専門分野そして職業生活に代表される卒業後の生活との統合を図ることがラーニング・コミュニティの目標である。それゆえ，例えば一つのテーマのもとで，環境問題，生態学，経済学や作文等の科目を関連づけて学生はグループでこう

した科目を履修することが大学側主導で行われる。アメリカでは，初年次教育とラーニング・コミュニティとの関連も深い。具体的には，ファーストイヤー・セミナーとラーニング・コミュニティを組み合わせて，人為的に作られたグループに所属する学生同士が同じような科目を履修するように入学時に設定される。初年次でのラーニング・コミュニティを通じて，多くの授業を一緒に履修することで，学生同士の交遊，協同学習が進展し，帰属意識が醸成され，さらには大学生活への円滑な移行へとつながることが期待されている。

リテンション率
学生の在留率のことであるが，一般的にはリテンション率は大学1年次から2年次に入学者のうちどれだけの学生が在留するかを示す比率として使われるのが通常である。1年次から2年次への進級率とも翻訳されることもある。アメリカにおいては，リテンション率が，その高等教育機関が州の財政補助を受ける際の判断基準として使われることが一般的であるために，各大学はリテンション率を向上させることに努力する。リテンション率は1年次から2年次にかけての重要な指標として機能している一方で，卒業率も重要な指標である。アメリカでは4年卒業率，5年卒業率，6年卒業率という3つの指標が用いられている。

ルーブリック
ルーブリック（Rublic）とは，レベルの目安を数段階に分けて記述して，達成度を判断する基準を示すものである。学習結果のパフォーマンスレベルの目安を数段階に分けて記述して，学習の達成度を判断する基準を示す教育評価法として定着している。直接評価の一種でもあるといえるが，直接評価の代表的な方法である客観テストによる評価は，知識・理解については適している評価であるが，思考・判断などを評価する場合には，難しい面がある。そこで，こうした思考・判断などを評価する方法としてルーブリックが導入されている。ポートフォリオ評価でルーブリックを用いた「評価軸」を示すことも少なくない。到達目標が各科目において提示されるようになってきている大学環境において，「何が評価されることなのか」についての情報を共有する効果にもなる。

初出一覧

書き下ろし以外はリクルート発行の『リクルート　カレッジ・マネジメント』の以下の号の掲載論文に加筆修正。

序章　書き下ろし
1　「海外の大学における教育の国際化戦略」148/Jan. -Feb. 2008
2　書き下ろし
3　「大学ランキングとアジアの動向―大学ランキングとワールドクラス・ユニバーシティ」164/Sep. -Oct. 2010
4　「歴史的ブラックカレッジの意義と役割―アフリカ系アメリカ人のリーダーを養成」154/Jan. -Feb. 2009
5　「アメリカにおける女子大学の意義と挑戦―共学にはない，女性だけのためのリーダー教育」160/Jan. -Feb. 2010
6　「経済危機とアメリカのビジネススクール―高まる倫理感と依然強いブランド力」158/Sep. -Oct. 2009
7　「アメリカのカレッジ・スポーツ戦略―学生アスリートを支援するプログラムを充実」149/Mar. -Apr. 2008
8　「APプログラムとコンカレント・プログラム―早期に優秀な学生を確保する高大接続」151/Jul. -Aug. 2008
9　「アメリカの教員免許資格と教員養成プログラム―州ごとに異なるミッションや教員養成プログラム」156/May-Jun. 2009
10　「教養教育，一般教育を通じて育成される力とは―21世紀のグローバル社会で求められる"異文化リテラシー"」163/Jul. -Aug. 2010
11　書き下ろし
12　「アクレディテーションのアカウントカムアセスメント―ミッションと個性にもとづいた評価を重視」153/Nov. -Dec. 2008
13　「IRと学生調査―学生調査の結果や情報の集積とその使い方」157/Jul. -Aug. 2009
14　「アメリカの高等教育の情報公開の現状―ステークホルダーにわかりやすくデータベース化」161/Mar. -Apr. 2010
15　「米国の大学の入試とアドミッション―日本とは異なり，高大接続がアドミッションの基本」166/Jan. -Feb. 2011
16　「アメリカの大学の学費と奨学金の関係は―高騰する授業料を奨学金でディスカウント」168/May-Jun. 2011
17　書き下ろし
終章　「6年間の連載の総括―世界の大学改革にみられる共通性と普遍性」169/Jul. -Aug. 2011

著 者
山田 礼子
同志社大学社会学部教授，同大学高等教育・学生研究センター長
1978年同志社大学文学部社会学科卒業。1991年カリフォルニア大学ロサンゼルス校教育学大学院博士課程修了。同大学 Ph. D. 取得。プール学院大学国際文化学部助教授等を経て現職。専門分野：アメリカの高等教育，初年次教育。
著書：『プロフェッショナルスクール』（玉川大学出版部，1998）『社会人大学院で何を学ぶか』（岩波アクティブ新書，2002）『一年次（導入）教育の日米比較』（東信堂，2005）『アメリカの学生獲得戦略』（玉川大学出版部，2008）『大学教育を科学する―学生の教育評価の国際比較』（編著，東信堂，2009）ほか。

高等教育シリーズ158

学びの質保証戦略
（まな）（しつほ しょうせんりゃく）

2012年5月1日　初版第1刷発行

著　者――――山田礼子（やまだれいこ）
発行者――――小原芳明
発行所――――玉川大学出版部
　　　　　　〒194-8610　東京都町田市玉川学園6-1-1
　　　　　　TEL 042-739-8935　FAX 042-739-8940
　　　　　　http://www.tamagawa.jp/introduction/press
　　　　　　振替 00180-7-26665
装　幀――――渡辺澪子
印刷・製本――藤原印刷株式会社

乱丁・落丁本はお取り替えいたします。
Ⓒ Reiko YAMADA 2012　Printed in Japan
ISBN978-4-472-40454-2 C3037 / NDC377

玉川大学出版部の本

学生の理解を重視する大学授業
ノエル・エントウィスル 著　山口栄一 訳

教科を深く理解する力を学生に身につけさせるには大学教師はどのような授業をすればいいのか。教科の体系によって異なる教授法の具体例，よい授業のポイントを解説する。
B5 判並製・212 頁　本体 3,300 円

＊

大学教員のための授業方法とデザイン
佐藤浩章 編

大学教員に求められる知識と技術を提供。授業で学習内容をどう構成・配置するか，どう教えるのかを説明する。すぐに使える資料や授業実践例を掲載。研修の教科書として最適。
AB 判並製・160 頁　本体 2,300 円

＊

学習経験をつくる大学授業法
L. ディー・フィンク 著　土持ゲーリー法一 監訳

学生が能動的に学習できるようにするにはどのような授業をすればよいのか。意義のある学習経験をつくる統合的なコースデザインや学習目標を効果的に達成するツールを紹介。
A5 判並製・344 頁　本体 3,800 円

＊

大学生のための「読む・書く・プレゼン・ディベート」の方法
松本茂・河野哲也 著

知的な学生生活，社会人生活に必要な 4 つの基礎力の本質を，正攻法で伝授。情報の収集・整理のしかたから主張・議論のしかたまでを，実践的に身につける。
A5 判並製・160 頁　本体 1,400 円

＊

学びを共有する大学授業
ライフスキルの育成
島田博司 著

学生が人間関係力や社会性を身につけ充実した大学生活を送れるように「自分史エッセイづくり」等のプロジェクトを実践。ライフスキルを育成する大学授業のあり方を考える。
A5 判並製・340 頁　本体 3,500 円

表示価格は税別です。